¿SOCIEDAD ENFERMA

ENFERMA

— O —

ESTILO DE VIDA?

¿SOCIEDAD ENFERMA

—O—

ESTILO DE VIDA?

EDICIÓN REVISADA

Francisco J. Milian

Número de Control de la Biblioteca del Congreso de EE. UU.:   2022917236
ISBN: Tapa Dura   978-1-5065-4866-1
                Tapa Blanda   978-1-5065-4865-4
                Libro Electrónico   978-1-5065-4864-7

Para realizar pedidos de este libro, contacte con:
Palibrio
1663 Liberty Drive, Suite 200
Bloomington, IN 47403
Gratis desde EE. UU. al 877.407.5847
Gratis desde México al 01.800.288.2243
Gratis desde España al 900.866.949
Desde otro país al +1.812.671.9757
Fax: 01.812.355.1576
ventas@palibrio.com
839773

ÍNDICE

ÍNDICE

Agradecimientos

Deseo agradecer a las personas que de una forma u otra colaboraron para poder realizar este trabajo investigativo a mi esposa Milagros Mojica, la cual me ayudo con opiniones sobre los temas, a mi prima hermana la Vimaris Rodena, la cual colaboro en la transcripción de las entrevistas grabadas a los entrevistado. Al exconvicto- federal coronel de la Policía de PR el Sr. Alejandro "Alejo Maldonado" y Escritor de varios Libros, A mi amigo, ex Presidente de la asociación de forenses de PR y Agente Investigador Retirado de Homicidios de la Policía de PR el Sr. Beldredin Román, y Profesor de la Universidad Ana G Méndez recinto Turabo, en Gurabo Puerto Rico, A la Terapista y Trabajadora Social de jóvenes y adolescentes del Estado de la Florida la Sra. Vilma Maldonado, al Padre de la Parroquia La Milagrosas del Carmen y Licenciado en Derecho Civil, el Padre Carlos Pérez, gran contribuyente y repartidor de conocimiento en nuestra sociedad, y al Doctor en psicología clínica, el Dr. Alfred D. Hergue.

Parte de la información fue obtenida por estudios previamente realizados.

Las opiniones emitidas por los entrevistados fueron de forma libres y sincera, basada en sus experiencias y conocimientos en su campo, sin la intención de ofender o que sea mal interpretada, simplemente brindando la colaboración a este investigador.

La sociedad enferma o estilo de vida. Se pretende con este libro investigativo, dar a concientizar y comprender sobre lo que está ocurriendo en nuestra sociedad. Exponiendo un sinnúmero de interrogantes que están atribuidas al comportamiento del ser humano en nuestra sociedad. El cómo observamos conductas inapropiadas con consecuencias nefastas y de cómo continúan ocurriendo en diferentes sociedades y culturas del mundo.

El propósito de esta investigación, que es de manera cualitativa, es tratar de comprender que, independientemente de que existan diferentes culturas, grupos étnicos, religiones, modalidades, etc... Observamos que existe un comportamiento en común que lo denominamos "conducta criminal". Y con una gran incógnita, que si el "Criminal Nace o se Hace".

Pudiéramos inferir que existen algunos factores que pueden contribuir, o estén adheridos a este tipo de conducta, y que a su vez estén vinculados en el desarrollo del individuo. Donde pudieran existir grandes probabilidades de que se desencadenen en conductas delictivas. Estigmatizando esto en una disparidad de percepciones.

En este libro estaremos mencionando un sinnúmero de interrogantes, para así poder exponer las distintas formas de pensamientos, para que puedan tener su propio contexto de análisis.

Me pregunto:

- ¿Por qué existe tanta violencia en nuestra sociedad?
- ¿El acrecentamiento de la criminalidad, pero sobre todo mucha crueldad a la dignidad humana, y a los seres indefensos?
- ¿Sera que estas nuevas generaciones, o estas sociedades modernas se han convertido en seres insensibles?

- ¿O tendrá algo que ver con la influencia que existe sobre la nueva tecnología o el avance social que predomina en esta sociedad moderna?
- ¿Será que estaremos pasando por algunas profecías, como las menciona en la teología bíblica o las predicciones de "Nostradamus"? Juzgue Usted.

La idea de este libro es compartirles información y mostrarles datos previamente estudiados y acompañarlos con algunas entrevistas que se realizaron a expertos, que han tenido alguna interacción sobre la conducta humana.

Les incluyo esto como temas separados, para ver cómo pueden asociar una información con otras. Para así poder proporcionarles una idea clara que les sea útil para que puedan tratar de comprender lo que realmente está ocurriendo en nuestra sociedad.

Me di a la tarea de investigar sobre algunos acontecimientos que, de manera irónica continúan ocurriendo en nuestra sociedad. Como, por ejemplo:

- Crímenes violentos perpetrados por adolescentes en planteles escolares. Pero si analizamos la clasificación del Criminal Nato, según el libro *"Atlas criminal de Lombroso"* (Cesare Lombroso 2005 (1)). Podríamos asociar que según su teoría existe una conexión fisiológica. Pero esta teoría estuvo llena de polémicas, donde posteriormente se modificaron varios aspectos de su teoría, conceptualizándolo como "El delito se nos presenta como un fenómeno natural".

Les pregunto:

- ¿Será que existe alguna influencia genética, o es que son producto de su entorno?

- ¿O será que realmente su naturaleza es de "sangre fría"?

Sin perder de perspectiva, la existencia de alguna predisposición biológica como, por ejemplo, la "serotonina", que es un neurotransmisor que está relacionado con el control de las emociones y el estado de ánimo, la cognición, la recompensa, el aprendizaje, la memoria y numerosos procesos fisiológicos, como el vómito y la vasoconstricción, donde el conjunto de todos estos elementos puede estar asociado, o reflejan en el comportamiento distinto del individuo (*Psychiatric genomics consortium*. 2021, April 5).

Según la publicación de (Richard Wurtman Crime Times, Vol. 1, 1995(2)). Menciona que una dieta desmesurada en carbohidratos y bajas proteínas afectan los niveles normales de la serotonina, por lo tanto, pudiera afectar su estado de ánimo y el control de sus emociones, pero no se olviden que pudieran estar presentes algunos problemas de salud mental, que puedan influenciar en su conducta, lo cual se puede reflejar posteriormente en la sociedad.

Según la teoría del neurocientífico, el Dr. James Fallon, profesor de la universidad de california de la facultad de medicina, señala que el futuro de una persona depende prácticamente de cómo nace, o de la genética con la que nace; comenzó a cuestionarse qué fue lo que lo desvió de tomar un camino de violencia (Ciencia BBC Mundo, nov. 2013).

Mas adelante, mencionaremos algunas teorías que nos ayudarán a entender algunas preguntas.

Es sumamente curioso que muchos de estos jóvenes se desarrollaron en un entorno familiar de orden, respeto y hasta con doctrinas religiosas. Pero, por otro lado, también pudimos observar a jóvenes cuya formación fue realizada en hogares disfuncionales, y en su desarrollo con precariedad de recursos básicos, llevándolos a ser señalados, marginados e inclusive estereotipados por la misma sociedad.

Si observamos la teoría sociocultural de (Lev Semyonovich Vygotsky, 1934(3)):

"menciona que las personas desarrollamos nuestro repertorio de comportamiento durante la infancia a partir de la interacción con otras personas del entorno. En este sentido es muy relevante el peso de la cultura, que explica la interiorización de una serie de conductas, hábitos, conocimientos, normas o actitudes determinados que observamos en quienes nos rodean. Así, por ejemplo, definió el pensamiento como lenguaje interno y afirmó que se adquiere a partir de la exposición al habla de otras personas".

Analicemos:

- ¿Cómo podemos explicarnos que existan jóvenes cuyo desarrollo y crecimiento fue en un ambiente totalmente diferente, y que ellos tengan el mismo interés en común, y sobre todo la misma conducta y comportamiento?

Les comento esto, porque tuve la oportunidad de entrevistar a dos confinados que están sentenciados de por vida en la cárcel de máxima seguridad de la Penitenciaría Estatal llamada el *"Mostro verde"* en Ponce, Puerto Rico. Uno de ellos, conocido en el bajo mundo como "Papo el Carnicero", que me imagino que ustedes podrán llegar a la conjetura de saber de dónde proviene ese apodo.

El llamado "Papo el Carnicero" era el lugarteniente de un conocido narcotraficante, apodado "El Men", del sector la Perla en el viejo San Juan, para la década de los 80 donde este individuo tenía el control total de la distribución de la cocaína en Puerto Rico. Con supuestas vinculaciones con el cartel de Medellín en Colombia. Y el otro confinado, quien fue el autor intelectual de la masacre del señorial en Guaynabo, Puerto Rico, en los altos de la farmacia, donde fallecieron cinco personas, incluyendo a una mujer embarazada. Hechos ocurridos en el 1989.

Les menciono esto porque en ambas entrevistas surge la interrogante, donde el primer confinado, "Papo el Carnicero", expresa que su desarrollo fue de manera muy difícil, con una extrema precariedad, donde estuvo implicado en muchas dificultades.

Vivió en un hogar disfuncional con un padre adicto a las drogas y una madre prostituta. Residían en un sector o barriada del área este en el pueblo de fajardo en Puerto Rico. Un sector estereotipado y sumamente marginado por la sociedad.

Y el otro confinado era totalmente lo contrario: su desarrollo era sin limitaciones, precariedad y sin carencias de necesidades básicas. Vivían en un sector muy exclusivo en Guaynabo, con ambos Padres y abuelos que eran Doctores en medicina y propietarios de un sinnúmero de locales comerciales, de arrendamientos, incluyendo el shopping center del señorial en Guaynabo, donde precisamente ocurrió la masacre.

Pero ambos confinados tenían algo en común, que cuando eran niños les gustaba hacerles daño a los animales pequeños, como, por ejemplo, comenzaron con sacarles las patitas a un lagartijo, y así sucesivamente sus actos fueron escalando hasta que llegaron a causarle daños a los gatos en el transcurso del tiempo.

Les menciono esto porque ambos fueron entrevistados por separado, y ambos me relataron sobre su conducta, y de su manera de divertirse haciéndole daños a los animales.

Los detalles eran casi idénticos, como si se hubieran puesto de acuerdo. Les aclaro esto porque yo seleccioné a ambos confinados para las entrevistas por sus estatus económicos, y ambos confinados desconocían totalmente de qué se trataba la entrevista, como medida de seguridad.

Lo que trato de establecer aquí, es la simultaneidad sobre la conducta que ambos tenían con el maltrato hacia los animales; cabe señalar que ambos me manifestaron que precisamente ese deseo comenzó a su temprana edad de cinco años.

¿Será "casualidad o causalidad"?

Mas adelante verán una pequeña explicación sobre este comportamiento en algunas de las entrevistas realizadas que se presentarán a continuación, en especial a la del convicto federal y excoronel de la Policía de Puerto Rico "Alejo Maldonado".

Si desean saber más sobre las historias de estos dos confinados, tendrán que leer mi próximo libro, que se llamará "Mi amigo el psicópata".

Les pregunto:

- ¿Será que existe alguna conexión biológica en esto?

Bueno, si observamos la teoría Gregor Mendel (1865) (4), en sus experimentos establecía la predisposición de los genes como los responsables de la transmisión de los caracteres de una generación a la siguiente; lo que hoy en día conocemos como genotipo.

Por Otro Lado...

- Qué influencia pudiera tener en los niños y preadolescentes el llamado "Bullying", mejor conocido como el acoso estudiantil, familiar, etc. que les va lacerando grandemente su autoestima, creándoles un complejo de inferioridad que posteriormente será reflejado en su conducta.

Pero, ojo, que hay que tener presente que el acosador puede ser víctima también de su desarrollo y entorno.

- Y como observamos, la continua postura de los jóvenes que colocan videos en sus redes sociales, donde están maltratando a un animal como lo mencionamos anteriormente, sin mostrar ningún tipo de aflicción. Y a su vez muestran una complacencia en su acto. Demostrando diversión y orgullo por estos hechos, y deciden colocarlos en sus plataformas de redes sociales, o en alguna página web, para así poder adquirir "LIKES" o "VIEWS", que significa "me gusta" por los observadores, para que de una forma u otra se viralice en las redes sociales.

Un ejemplo de esto es el documental "No te metas con los gatos" (Producida por Mark Lewis y se estrenó en Netflix el 18 de diciembre de 2019).

Debido a estas acciones, se podría entender que a muchas personas les atrae la misma diversión.

Les pregunto:

1. ¿Creen ustedes que este tipo de conducta tendrá algún tipo de crédito con los videojuegos que existen hoy en día, donde se trasmite tanta violencia, a pesar de que se tratan de aventuras surrealistas?
2. ¿Podríamos pensar que, en el pasado donde no existían estos videojuegos, ocurrían casos similares?
3. ¿Qué estará pasando por la mente de estos jóvenes, que se convierten adictos a esos videojuegos donde se transmite tanta violencia?
4. ¿Creen ustedes que esto podría estar llenando algún vacío emocional, o creen que les satisface el tener la libertad de realizar lo que deseen, a través de estos juegos, como por

ejemplo "Grand Theft Auto", sin ningún tipo de supervisión directa o indirecta de sus padres o tutores?

Muchos de estos videojuegos les dan la oportunidad a estos jóvenes de realizar en su mundo virtual todo lo que deseen hacer, y sobre todo aprender realizar cosas como, por ejemplo, utilizar armas de fuego, cometer delitos, disparar y matar a otro participante en el juego, a sabiendas de que en un mundo real no es posible, ya que se vive en sociedades de ley y el orden.

Por otro lado, observamos algunos grupos, sectas y organizaciones que promulgan en sus creencias religiosas, el cometer actos o realizar conductas que para otros seres humanos son considerados como repudiables, crueles e inhumanas.

Sin embargo, para ellos significa mantener su doctrina, la cual transmiten e inculcan desde su niñez a sus descendientes. Para así perpetuar las prácticas de estos actos, convirtiendo esta violencia en un acto común y parte de un estilo de vida. Por ejemplo: el grupo de terrorista "Isis", conocido como el estado islámico, con su ideal de establecer su nuevo califato, que proviene de "califa", que significa "sucesor", destruyeron la herencia cultural de Irak y Siria y otro grupo liderado por el predicador radical islámico "Ustaz Mohammed Yusuf", conocido como "Boko Haram" del norte de Nigeria, entre otros grupos extremistas.

Me pregunto:

- ¿Será que la sociedad ha perdido la sensibilidad al prójimo, o es que no se inculcan la compasión, y sobre todo los valores desde la niñez, como parte de su desarrollo y crianza?
- ¿La influencia significativa en el entorno en que se desarrolla el ser humano tiene consecuencias en sus cambios? (La teoría ecológica Bronfenbrenner, 1979). "En otras palabras,

es sumamente importante la influencia que puede tener el ambiente en el desarrollo de un niño".

- ¿Cómo podemos observar que una persona puede estar en riesgo de perder su vida, y se opta por sacar el celular o cámara y comenzar a grabar, para luego colocarlos en nuestra plataforma en las redes sociales y No se elige hacer lo correcto? Que sería socorrer y tratar de salvarle la vida a la persona que está en riesgo. Pero la morbosidad es tanta, que se enfocan en tener una buena primicia de un incidente lamentable, y poder grabarlo en video. Para luego ser colocado en las redes sociales para, de esta forma poder adquirir alguna remuneración económica, si se viraliza.

Les Pregunto:

- ¿Creen ustedes que la nueva tecnología, y sobre todo las redes sociales, han convertido a las personas en corresponsales o reporteros indirectos para los medios de comunicación?
- ¿O será que en realidad esta sociedad está enferma?

Cosas irónicas...

1. ¿Cómo podemos comprender que en el planeta donde vivimos todos? Pocos tengan muchos, pero muchos tengan pocos; que exista tanta desigualdad y prejuicio heredado, los cuales han sido adoptados como un estilo común de vida.

2. Observamos cómo se conmemoran, e incluso se convirtieron en días efectivos, sucesos históricos donde ocurrieron invasiones, siendo estos recuerdos de colonizaciones y conquistas. Cuando en realidad sabemos que el significado real de colonizar conlleva imposición, opresión y matanza.

Si observamos en la historia, encontraremos que en siglos anteriores ocurrían actos similares, crueles y salvajes en contra de la humanidad. Esto no es nuevo....

Me pregunto:

- ¿Podría ser que esas acciones la transportamos en las memorias celulares o en los fenotipos?

Recuerden que mencionamos algo sobre el tema de los genotipos anteriormente.

- ¿Y qué opinan del maltrato de una persona desprotegida; como infantes, niños, envejecientes o animales? Y que a pesar de que la sociedad repudia estos actos, ¿por qué continuamos viéndolos con tanta frecuencia y que en la mayoría de los casos lo vemos que ocurren hasta diario? Como si no existiera ningún tipo de aflicción para el más débil.

¿Nos pudiéramos preguntar...?

- ¿Qué estará pasando por la mente de estas personas, las cuales no tienen ningún aparente tipo de diagnóstico de salud mental —digo aparente porque lo desconocemos—, en el momento en que están realizando estos tipos de actos?
- ¿Y por qué continuamos viéndolo tan frecuentemente, y en diferentes partes del mundo?
- ¿Cómo podríamos explicarnos que, en países tan distantes, y con culturas totalmente diferentes, ocurran actos similares; y lo contemplan como un acto de entretenimiento?

Me pregunto:

- ¿Será que el problema de salud mental a nivel mundial es más serio de lo que imaginamos?

Aunque, por otro lado, observamos a través de investigaciones realizadas por centros de noticias, que se descubren malas prácticas sobre empresas, compañías o laboratorios que crean, fabrican o descubren virus dañinos para los seres humanos. Donde realmente comienzan una propagación en ciertos sectores sumamente marginados por la sociedad, como por "casualidad". Estableciendo una propaganda de pánico a través de los medios de comunicación, con un posible desarrollo epidémico, y hasta en muchos casos pandémico. Donde se influencia una inyección económica de parte del gobierno para enfrentar la situación con urgencia y poder obtener vacunas o antídotos para beneficio de la ciudadanía, pero a su vez enriqueciendo más a las compañías farmacéuticas. A constancia del sacrificio de vidas en las comunidades más vulnerables y desventajadas de muchas sociedades del tercer mundo.

Me pregunto:

- ¿Será casualidad, o suerte, que estos virus o epidemias no comiencen en países desarrollados, o comunidades de alta sociedad?
- ¿O será que es parte de la avaricia, que se encuentra incluida en los siete pecados capitales, según el cristianismo, donde se menciona la influencia de los vicios, deseos y el comienzo de cualquier otro tipo de pecado? Y Con la atribución de obtener poder y dinero.
- ¿Será que el poder y el dinero es adictivo y convierte al que lo tiene en un ser humano insensible?

- ¿O es que la avaricia es parte de nuestros genes, que si no sabemos controlarla se apodera de nosotros, como un virus o un cáncer?
- ¿O será que es una conducta aprendida? Recuerden: "educar con el ejemplo no es una manera de educar, sino que es la única" (Albert Einstein).

Les pregunto:

- ¿Qué diferencia existe entre un individuo que cometa un acto cruel, atroz e inhumano, que es observado y repudiado por la sociedad, a una compañía multimillonaria que expulse algún químico o desecho contamínate a los recursos naturales o al medio ambiente?

Mi respuesta:

La situación es la misma, pero en proporción y circunstancias diferentes.

Mas Interrogantes...

- Preguntémonos, cómo observamos que por la alta demanda en el consumo de alimentos, se alteran algunos productos como, por ejemplo, la carne de res o ave, etc. con químicos altamente carcinógenos, para alterar el crecimiento y desarrollo natural del animal o sembradíos. Y que posteriormente se convertirán en alimentos de consumo, para así poder cumplir con la alta demanda; sin importar las consecuencias peligrosas que puedan conllevar, en el deterioro a la salud del ser humano al consumir dichos alimentos.

- Como cada vez vemos más grupos radicales con ideales distintos, culturas o religión, utilizando como forma de expresión o con la intención de trasmitir algún mensaje, el "Terror". Alimentándose del pánico que genera en la sociedad, realizando cosas abominables y terribles. Con el fin de llevar su pensar y sentir mediante el miedo. Esta se ha convertido en una práctica común últimamente. Sirviendo de estímulos a nuevos grupos radicales que abanderen esta misma doctrina. Pero, por otro lado, observamos que muchos de los integrantes que pertenecen a estos grupos radicales, habían sido criados en otros tipos de culturas, creencias o religión y con un ideal totalmente distinto. Pero de cierto modo está afiliación pudiera estar atribuida a su ignorancia, o es que realmente lo sienten y lo desean.

- Como podemos explicarnos sobre personas con una carencia de fe religiosa que se refugian en grupos, sectas y congregaciones. Que se convierten en víctimas, partícipes o mártires de actos inhumanos por una creencia inculcada y con una esperanza o promesa de alguna salvación espiritual.

- A su vez, vemos cómo, en muchos casos, en los programas televisivos, series y películas cinematográficas, para alcanzar una gran audiencia convierten en "Héroes" a los criminales más grandes de la historia. Sin pensar que estos pudieran ser algún estímulo o motivación para que jóvenes quisieran imitar o adoptar este tipo de conducta. Como, por ejemplo: Robin Hood, Al Capone y Pablo Escobar, entre otros.

Dice el refrán: *"Aquel que no conoce la historia, está condenado a repetirla"*
(Napoleón Bonaparte 1804).

Les pregunto:

- ¿Pudiera ser que la ignorancia, avaricia, soberbia y envidia motivara a que los jóvenes caigan en esto? Pero si observamos del ejemplo lo que menciona Albert Einstein:

"El educar con ejemplo es la única manera"

y vemos que, en estos jóvenes su desarrollo está en un ambiente disfuncional y la ausencia de su padre, y el único que puede imitar es el (dueño del punto de droga), ¿existiría la gran probabilidad de que estos jóvenes estén más propensos a seguir sus pasos, e imitar su conducta?

- Si colocamos en perspectivas prioritarias para mejorar el futuro de nuestra sociedad, y de cómo formaríamos mejores ciudadanos dignos con buenos valores y futuros profesionales, ¿cuál sería la respuesta para encaminar a un niño para que sea un mejor adulto en el mañana, y productivo en nuestra sociedad? ¿No es la "EDUCACIÓN"? Y si es así, ¿por qué vemos que en muchos gobiernos NO lo ven como un primer plano o prioridad, y lo ven como un cumplido o un compromiso de bienestar social, y no como una siembra de valores, conocimientos y aprendizaje? La sana educación sirve para forjar ese niño con conocimiento y sabiduría, para que sea un ser humano productivo y no un antisocial, o lo peor de todo, que sea un parasito de la sociedad.

Hay que establecerle un empoderamiento que sirva para su buen desarrollo personal y de superación, en vez de fomentar la codependencia de las ayudas de bienestar social.

Me pregunto:

¿No será que a los gobiernos les conviene tener este tipo de grupos y comunidades enajenadas, con el fin de obtener un beneficio político?

Preguntémonos:

- ¿Será que esto es un mal necesario?
- ¿Será que de esta forma se utiliza para establecer un balance social?
- ¿Será que de estas formas son más vulnerables y se pueden manipular a través de un ofrecimiento atractivo? ¿Con el interés de obtener un beneficio político o voto electoral, sin importar que son comunidades segregadas y marginadas en nuestra sociedad?
- ¿Cómo observamos generación tras generación de familias coexistentes del sistema de bienestar social publica, y con una notoria desigualdad en la sociedad, y el gobierno los mantiene en ese mismo estado y no fomenta a la erradicación de la codependencia, tratándolos como si ellos fueran reses que se dirigen y siguen en masa detrás de alguien por algún interés o promesa ofrecida?

Es triste ver cómo se desperdician tantos talentos, y sobre todo recursos humanos que podrían ser de provecho en nuestra sociedad, sin que a nadie le importe. Posiblemente esa desigualdad propicia a que estos jóvenes de nuestras comunidades marginadas, con la autoestima sumamente baja y proveniente de hogares disfuncionales, se mantengan y continúen sin ningún interés de superación; sintiéndose marginados y estereotipados por la misma sociedad, y, puede que la combinación de todos, o algunos de otros elementos sea el indicador para que opten por el rumbo equivocado y sean parte integrante de un mal social, que conocemos hoy en día como la "criminalidad" que existe en nuestras sociedades.

Preguntémonos:

- ¿De quién será la culpa?
- ¿La familia tiene un papel crucial e importante en esto?
- ¿La importancia de un desarrollo sano y en un ambiente natural será crucial?
- ¿Por qué nos quejamos tanto de que la criminalidad y la delincuencia siguen en aumento, y que a más jóvenes les es atractivo el delinquir? Estos jóvenes pueden percibirlo como un método de escape o alternativa de superación de manera más fácil. Y el pertenecer a un grupo delictivo, para poder así salir de la pobreza actual.
- ¿Todos tendremos culpa?

Será que para el sistema es más fácil señalar, enjuiciar y castigar, en vez de educar.

Si observamos la raíz de estos problemas sociales, redundan en los mismos por muchos años, décadas y continuaran pasando si no se fomenta un ente de cambio.

Puede parecer que a los gobiernos les es más atractivo castigar que educar. Porque ese tipo de problema social ciertamente es conveniente para muchas industrias, comercialmente hablando, que se nutren del mal social y la delincuencia para desarrollar sus empresas, como por ejemplos, compañías de seguridad, cámaras, monitoreos etc...

Como observamos, personas carecientes de orientación o ayuda, se integran a un grupo, secta o religión con el fin de buscar un apoyo espiritual u otro tipo de compañía, o por la necesidad de llenar algún vacío que se siente. Sin embargo, a través de esa necesidad estos consejeros o predicadores espirituales, lo que hacen es aprovecharse de las carencias y obtener un lucro y beneficio personal, convenciéndolos y comprometiéndolos indirectamente a que ellos contribuyan para la congregación a la cual pertenece. Y en muchos de los casos dan hasta todo lo que tienen a la congregación, a cambio de llenar su vacío emocional o espiritual. Aprovechándose de la necesidad ajena o ignorancia, como si estuvieran vendiendo una salvación espiritual. Pero si en algunos casos hasta les venden las sillas más cerca del púlpito, como si estuvieran comprando un boleto de primera clase al vuelo del paraíso celestial.

Pero estos supuestos pastores, mesías o como se proclamen, viven a todo lujo a costillas de sus seguidores ignorantes, sin importar la necesidad de las personas que dan su diezmo a cambio de algunas palabras de aliento. Convirtiéndose estos, de predicadores, en vendedores de la fe.

Observamos dicha práctica cada vez más, y más líderes de estas congragaciones se enriquecen en nombre de lo que predican.

Preguntémonos:

- ¿Será que no creen en lo que predican, o que el poder de la avaricia y el lucro personal supera la fe espiritual?

Por otro lado, cuando observamos la necesidad y sed de justicia en algunas sociedades, no del primer mundo, vemos cómo pueblos enteros cogen la justicia en sus manos para ajusticiar o castigar, según sus tradiciones. Sin brindarle ningún tipo de oportunidad al ajusticiado. Y en la mayoría de los casos los castigos o penas son más crueles que las que un gobierno de orden pudiera imponer.

Observamos cómo estos justicieros no enfrentan a las autoridades y la multitud que presencia estos actos, y justifican las malas acciones como una acción correcta. Llevando a sus familias y niños a presenciar los castigos, e incluso hasta las ejecuciones.

Interrogantes:

- Por el lado de la justicia observamos, que miembros de una sociedad a quienes se les brindó la confianza de protegernos de los males sociales, como la criminalidad; y por inacción, omisión o corrupción en algunos de los casos manchan su honor, cayendo y actuando en lo que se supone que combatían.
- ¿Por qué nos enteramos de los continuos casos de líderes o políticos que, por avaricia y deseo de poder, caen atrapados en sus propias malas acciones y los llevan a arriesgar lo más preciado en la vida, que es la "libertad"?
- ¿Por qué la continua percepción y existencia de que el color de piel establece una superioridad, estereotipa o crea alguna diferencia hacia otro tipo por su color de piel, Perpetuando un continuo prejuicio y discriminación diferenciada? Como si todos los seres humanos no fuéramos idénticos en el interior.
- ¿Cómo se presentan situaciones por la desesperación, de no encontrar soluciones, y optamos por privarnos de lo más preciado que es la "vida", sin tener en cuenta que todo problema tiene solución, y que en ocasiones no lo vemos porque le damos más tamaño al problema y minimizamos la solución? Por lo regular, en muchas ocasiones las tenemos de frente y nos dejamos arropar por las malas tentaciones y el deseo de solucionarlo de la manera más fácil, pero ciertamente es la más difícil: el suicidio.

En fin, la idea de este libro es tratar de encontrar respuestas a todas estas interrogantes para poder comprender por qué siguen ocurriendo en nuestra sociedad.

Quiero mencionarles un poco de las definiciones e historia, y casos que han ocurrido con desenlaces crueles... cómo y por qué continúan repitiéndose en nuestras sociedades. Y cuando menciono sociedades, me refiero a todas, modernas y no modernas.

Para que al final del libro investigativo puedan tener reseñas comparativas con ideas claras, que he provisto, y que ustedes puedan analizar, y a la misma vez, puedan buscar y añadir para que obtengan su propia opinión.

Comenzaremos por el proceso de socialización:

La socialización proviene en el ser humano, quien es esencialmente sociable. Sin embargo, esa naturaleza de ser social suele ser producto de un largo proceso en la vida, o sea, las "vivencias" que describimos como el conocimiento adquirido en el transcurso de la vida.

Estos elementos involucran la sociocultura de su medio ambiente, y están ligados e influenciados por la personalidad de cada ser. Este proceso puede tener dos vertientes:

- **Primero**: desde el punto de vista de cada individuo, donde estuvo involucrado su proceso de aprendizaje, integrado a su entorno y desarrollo.
- **Segundo**: del punto de vista de cómo conceptuamos una sociedad.

Respondiendo esto a las necesidades de mantenerse en el proceso de socialización. Es importante tenerlo presente para tratar de comprender el comportamiento humano. De esta forma, podemos interpretar que la socialización se aprende al ser miembros reconocidos de la sociedad en que nos hemos desarrollado.

El ser un miembro reconocido, comprende que los demás así lo perciban y que el individuo se identifique como parte de esa sociedad, esto implica, la adopción de una cultura común. La socialización tiene como resultado la interiorización de normas, costumbres, creencias y valores ya inculcadas, con los cuales el individuo puede interactuar con la sociedad.

Desde el punto de vista de la sociedad, este proceso se desarrolla a partir de la participación de las personas en una red de relaciones sociales. La naturaleza de esas relaciones, sociológicamente hablando, se expresa en dos elementos que son las dos caras de una misma moneda: el desempeño de roles que, a su vez, da acceso a una determinada posición o situación dentro de un grupo, se denomina estatus. Y es precisamente aprendiendo a desempeñar los roles donde las personas socializan.

Durante su vida, los seres humanos se involucran en una gran cantidad de relaciones sociales e interpersonales, lo que demuestra que se desempeñan en múltiples roles: será hijo, hermano, amigo, familiar, alumno, miembro de clubes, trabajador, cónyuge, y padre a su vez, etc., etc. Y el aprendizaje de cada uno de esos roles le va a permitir internalizar los valores y las normas de la sociedad (Esbozan Kahn 1964).

A lo largo del desarrollo de su vida, cada uno vivirá múltiples procesos socializadores, en función de los múltiples roles en los cuales se desempeñará. Esto permite introducir una diferencia en las etapas del proceso de socialización, que es útil conocer porque sus componentes son diferentes.

- Socialización Primaria: se denomina así porque es una etapa en la cual los agentes socializadores son esencialmente los grupos de carácter primario, es decir, grupos en los cuales el tipo de relaciones predominantes están basados en la dimensión afectiva y emocional de las personas. El comienzo natural del proceso de socialización para cada niño recién nacido es su inmediato grupo familiar. En la historia de la humanidad, la familia ha sido la agencia de socialización más importante. Algunos autores plantean que los cambios sociales producidos por los procesos de industrialización y modernización han llevado a una pérdida relativa de su relevancia ante la irrupción de otras agencias socializadoras, como el sistema educacional y los medios de comunicación masiva. Sin embargo, su importancia sigue siendo capital porque, en general, la familia filtra de manera directa o indirecta a las otras agencias socializadoras, escogiendo la escuela a la que van los niños, procurando seleccionar los amigos con los cuales se juntan, controlando (supuestamente) su acceso la televisión, etc. Junto a la familia, y aún en la infancia, el proceso se abre a otros grupos primarios de pertenencia.

- Socialización secundaria: la socialización primaria finaliza cuando el individuo comienza a integrarse a grupos en los cuales la naturaleza de la relación social es de carácter secundario, es decir, relaciones basadas más bien en un componente formal, racional, y que, en general, son relaciones a las cuales la persona se integra opcionalmente y como resultado de un contrato social, escrito o no. Es la internalización de subculturas (realidades parciales que contrastan con el mundo de base adquirido en la socialización primaria) institucionales o basados en organizaciones formales.

El individuo descubre que el mundo de sus padres no es el único. La carga afectiva es reemplazada por técnicas pedagógicas que facilitan el aprendizaje. Se caracteriza por la división social del trabajo y por la distribución social del conocimiento. Las relaciones se establecen por jerarquía, poder, contrato legal, etc. Este proceso es de especial interés para este curso. Cuando una persona entra a una organización de trabajo, se le socializa para que llegue e a ser parte de esa organización. Y la forma concreta y práctica es a través del aprendizaje de sus roles, esto es, el aprendizaje de la forma en que deberá desempeñar su cargo y las tareas y funciones diseñadas por la organización para ese cargo en particular.

La socialización se produce a través de los que se denomina agentes socializadores, que son instituciones que la sociedad ha ido creando para garantizar la incorporación efectiva de sus miembros a la cultura predominante. Existen diversos agentes de socialización y ellos juegan un papel de mayor o menor importancia según las características peculiares de la sociedad, de la etapa en la vida del sujeto y de su posición en la estructura social.

En la medida que la sociedad se ha ido haciendo más compleja y diferenciada, el proceso de socialización también se ha hecho más complejo; esto deriva del hecho de que debe, necesaria y simultáneamente, cumplir las funciones de homogeneizar a sus miembros lo suficiente como para que puedan identificarse como "pertenecientes a" pero, al mismo tiempo, diferenciar a los miembros de la sociedad, a fin de que exista tanto la indispensable cohesión entre todos ellos, como también el reconocimiento al derecho de existir de diferentes grupos que tienen particulares formas de vivir la cultura global. Estamos hablando de la creciente y progresiva existencia de subculturas cada vez más diferenciadas, y que van poniendo una prueba de fuego a la capacidad de tolerancia y aceptación de las diferencias. En el surgimiento de esta realidad han jugado un rol esencial los medios de comunicación masivos.

Un hecho fuera de discusión hoy día es que en el mundo actual los medios de comunicación han alcanzado una difusión sin precedentes. Los diarios, las revistas, el cine, la radio y, sobre todo, la televisión, son usados por una cantidad muy significativa y creciente de personas para satisfacer, principalmente, las necesidades de información y entretenimiento, dedicando un número muy grande de horas a ver, escuchar o leer los mensajes difundidos por estos medios. Para los niños, se ha dicho que al cabo del año están más tiempo frente al televisor que frente al maestro en el aula. Tal situación tiene un claro efecto socializador, planteándose que una buena parte de la construcción social de la realidad está determinada por los medios de comunicación masiva. Estos medios, particularmente la televisión, darían una imagen del mundo, elaborarían un mapa de la realidad, que resultaría de capital importancia en la conducta social.

En suma, la sociedad, a través de sus diferentes agentes socializadores, va moldeando el comportamiento de sus miembros. Y ese modelamiento es lo que denominamos socialización. Cuando se profundiza el proceso de aprendizaje, uno puede tener el cuadro completo de la forma en que opera este proceso que permite una base común de significados, lenguajes, valores y visiones lo suficientemente sólida como para que una sociedad permanezca cohesionada, al menos en el grado suficiente como para seguir siendo lo que es. (Sonia Sescovich Rojas, 2015).

Una última reflexión respecto de la fuerza que tiene este proceso en el condicionamiento de nuestro comportamiento: Dado el peso que en la actualidad han cobrado los medios de comunicación de masas como agentes de socialización, se hace imprescindible profundizar en el rol que están jugando. ¿Por qué decimos esto? Porque actualmente hay una tendencia a la uniformidad que, en mi "opinión", atenta contra la necesidad de respetar las diferencias y de respetarnos entre nosotros mismos, el valor de la individualidad y no del individualismo; el valor de aquello que forma parte de nuestra naturaleza. Y es aquí donde el peligro de la enajenación se nos viene encima. El tipo de cultura que ha surgido de la mano con la modernidad, y el papel que juegan los medios de comunicación para que cada uno de nosotros asuma esa cultura como producto completo y digerido, nos lleva al borde de esa enajenación. Y el instrumento por excelencia que permite esta situación es el proceso de socialización. De allí la importancia de tenerlo en el centro de nuestro interés.

Voy a mencionar algunos casos de tantos que han acontecido y conmovido a nuestra comunidad, donde observarán que tienen patrones similares. Hechos que ocurrieron en fechas distantes y de gran envergadura. Actos macabros perpetrados por personas que en un momento dado eran parte de una sociedad de ley y orden.

Hemos vivido actos atroces, y más frecuentes en lugares de enseñanza como planteles escolares o universidades. Por ejemplo, para mencionar algunos de estos en la escuela Bath School en el 1927, la de la universidad de Texas en el 1996. En la escuela superior "high school" Columbine en el estado de colorado el 20 de abril 1999, en Virginia Tech en el 2007, la escuela en el estado de Connecticut en el 2012.

Se hará un breve relato de los acontecimientos previamente señalados, para comparar si existe alguna similitud entre los diferentes escenarios. Para, de esta forma, podamos analizar el comportamiento e identificar si existe alguna influencia en el entorno y el desarrollo del individuo que nos permita establecer alguna afinidad en la conducta o reconocer lo que está predominando en nuestra sociedad. Presten atención en las palabras y oraciones subrayadas.

Se estará realizando un análisis grafológico por la colega Grafóloga Forense, la Sra. Laura B. Farias, solo específicamente en la "Firma" de una carta escrita dejada por Andrew Kehoe, momentos antes de perpetrar la masacre en la escuela Bath School en Michigan, en el 1927. Para determinar si realmente existían algunas características homicidas, o fue parte de un delirio o de algún otro trastorno de salud mental. Este análisis no se hará a profundidad, debido a que no se tiene el documento original, sino preliminarmente para ver qué arroja la muestra. Recuerden que es un escrito del 1927 y su calidad no es óptima y se encuentra digitalizada. Esto lo quiero añadir para fortalecer o debilitar si realmente "El Criminal se Nace o Hace", como lo menciona Andrew Kehoe, en un letrero que dejó en su granja.

Primer Caso

La masacre en la escuela Bath en 18 de mayo de 1927 en Michigan.

Andrew Kehoe había nacido en Tecumseh, Michigan, el 1 de febrero de 1872; en el 1927 había cumplido 55 años, no tuvo una infancia fácil nacido de una familia de trece hermanos, y su madre había muerto siendo él aún muy joven. Con el tiempo, su padre se volvió a casar, pero Andrew nunca se llevó bien con su madrastra; las peleas con ella eran continuas.

Un día, cuando Andrew solo tenía catorce años, su madrastra estaba intentando encender una estufa de petróleo, cuando esta explotó. Enseguida, la madrastra se vio envuelta en llamas, cubierta por el petróleo. En un primer momento Andrew no hizo nada para ayudarla; a cabo de unos minutos, él le arrojó un cubo de agua, pero ya era demasiado tarde, el daño ya estaba hecho y la mujer murió a consecuencia de las heridas. Pese a su escasa edad, los vecinos sospecharon que el joven Andrew tuviera algo que ver con el accidente. Posterior a eso, Andrew viaja por el oeste del país unos años, durante los cuales, su familia supo muy poco de él.

En 1911 mientras trabajaba en electricidad en Missouri, sufrió una grave herida en la cabeza a causa de una caída. Durante dos meses, Andrew se debatía entre la vida y la muerte, entrando y saliendo del coma. En su tiempo se especuló que estas heridas fueron las causas de sus comportamientos futuros.

Cuando regresó a Michigan, Andrew se casó con Nelly Price, a la que había conocido en el instituto. Nellie era de familia rica. Con el tiempo, el joven matrimonio compró a una tía de Nellie una granja de 75 acres a las afueras de Bath, por $ 12,000. Dólares, pagando $6,000. En efectivo, y el recto en hipoteca.

Nelly, durante su infancia, era una persona apreciada y el pueblo la recibió bien a su regreso. Sin embargo, su marido no se acabó de integrar; todos coincidían en que Andrew era un tipo raro, pero siempre dispuesto a ayudar a quien lo necesitara, aunque no tardaba en criticar cuando no se salía con la suya. Era una persona inteligente, capaz de desarrollar sus propios puntos de vista.

Cuando joven, era relativamente sociable. Andrew era una persona meticulosa en su forma de vestir y con una obsesión con la limpieza, pero tenía fama de ser cruel con los animales de granja y según los vecinos, una <u>vez había apaleado a uno de sus caballos hasta la muerte</u>. Con el tiempo, Andrew se ganó una reputación de frugal, lo cual le ayudó a ser elegido tesorero del consejo de la escuela de Bath, en 1926.

Desde el consejo, Andrew luchó incansablemente para rebajar los impuestos que, según él decía, eran los causantes de sus dificultades económicas. Para hacerlo más difícil, su mujer, Nelly, sufría de tuberculosis crónica.

Andrew tenía buen conocimiento en electricidad y mecánica, por lo que recibió el encargo de llevar a cabo el mantenimiento de <u>la escuela que tanto odiaba</u>. Nadie sabía que Andrew habría acumulado en su granja, cerca de <u>una tonelada de un explosivo</u> llamado "Pyrotol".

El 17 de mayo comenzó los preparativos y cargó su camioneta con herramientas, maquinaria y cualquier trasto metálico que pudiera servir de proyectil. Ese mismo día Andrew <u>mató a su esposa:</u> la golpeó en la cabeza, la montó en una carretilla y la llevó a la parte de atrás de su granja. Finalmente, llegó el día 18 de mayo de 1927. Lo primero que hizo Andrew fue ir a la oficina de correo, donde envió un paquete con el historial de las cuentas de la escuela.

Los niños empezaron a llegar a la escuela; a las 8:30 ya habían entrado a clases, y a las 8:45 la primera bomba incendiaria explotó. Todos los vecinos estaban asustados por la explosión.

Cuando llegaron los vecinos, Andrew estaba subiendo a su camioneta; al cruzarse con Sídney J. Howell y sus hijos, les recomendó: "chicos, ustedes son mis amigos, es mejor que se vayan de la escuela".

El resultado de esto fueron treinta y ocho niños muertos y siete profesores; y otras sesenta y un personas sufrieron heridas graves. (The New York Times. May, 1927).

El Sr. Andrew dejó un letrero en su granja que decía: **"Los criminales no nacen, se hacen"**.

Basados en esta historia del Sr. Andrew, ¿podemos determinar que él es un criminal, o la situación lo llevo a cometer ese acto? (www.abc.es Nov 9, 2018).

Les pregunto:

Si analizamos los hechos, podrán identificar si realmente el letrero de Andrew tiene sentido, con eso de que "los criminales no nacen, se hacen", o realmente existían algunos elementos que se pudieran identificar como una conducta desviada.

Les muestro la última carta que el perpetrador dejó, antes de cometer la masacre.

Analizaremos su firma grafológicamente para ver qué nos dice.

Bath, Mich. May 14, 27.
Mr. Clyde B. Smith,
Lansing, Mich.

   Dear Sir: I am leaving the school board and
turning over to you all my accounts. They are
all in this box. Due to an uncashed check, the
bank had 22¢ more than my books showed when I
took them over. Due to an error on the part
of the Secretary in order No. 118, dated Nov.
13 1926, (He changed the figures on the order after the check had been sent to payee)-
the bank gained one cent more over my books,
making the bank account show 23¢ more than
my books. Other wise I am sure you will find
my books exactly right.

   I thank you for going my bond.

             Sincerely yours,

               A.P.Kehoe

(For Julie Mack | special to MLive Publisher: May. 18, 2017

Análisis de la firma

PERFIL DE PERSONALIDAD

Se detallan las observaciones de los rasgos gráficos que aparecen en la firma, con su correspondiente interpretación y señalización de estos a fin de facilitar la lectura.

1. Dirección sinuosa en el trazado, identificable por la onda que va subiendo y bajando sin respetar la línea imaginaria, indica una variabilidad en su estado de ánimo, falta de estabilidad, cambios en el humor. También puede llegar a ser representativo de falta de ética y falsedad [línea ondulante roja].
2. La orientación descendente de la firma indica tendencia al desánimo, con predisposición a encerrarse en los propios planteos y pensamientos [flecha verde].
3. Las letras infladas en zona superior indican una sensación ilusoria de su propia persona como un intento de compensar sentimientos de inferioridad, creando una autoimagen falsa que lo lleva a creer que es superior a los demás en un aspecto o en todos [círculos celestes].

4. Palabras inclinadas hacia la derecha y ganchos en zona superior, representa la dificultad para aceptar ideas ajenas, se aferra a sus ideas y pensamientos. Al encontrarse en un grafismo fuerte (intensidad en los trazos) podría convertirse en avidez de posesión, de retención, dominio e imposición, llegando a poner a los demás a su servicio sin ninguna contemplación [círculos celestes].

5. Gestos gráficos que dan lugar a ángulos agudos, indica agresividad, rencor, la capacidad para encontrar los puntos débiles de las personas y lastimar desde allí [círculo rojo].

6. Óvalo anguloso en zona inferior, es indicativo de resentimiento patológico a supuestas ofensas reales o imaginarias. Personalidad agresiva, susceptible, llena de resentimientos [círculo amarillo].

7. Óvalos estrechados expandiéndose en sentido vertical, representan la incomodidad con el entorno familiar y el orgullo artificial —no real—, situaciones internas de bloqueo y frustración [círculos verdes].

8. Puntos innecesarios, indica el deseo de imposición sobre los demás [círculo celeste].

9. Escritura desproporcionada en las hampas, indica posible desequilibrio psíquico y problemas relacionados con el sentimiento autoestimativo, es decir, irrealidad del sentimiento de sí mismo, seguido de inseguridad [líneas anaranjadas].

10. Bucle innecesario en el movimiento ornamental de las letras, indica la tendencia a usar evasivas y secretismo, mostrando de sí mismo solo lo que tiene una apariencia no criticable. Es una moralidad de conveniencia, por lo que tiene necesidad de libertad para hacer lo que quiere sin tener que dar explicaciones [círculos naranjas].

11. Pequeñas contracciones que modifican el grafismo y que indican un estado de ambivalencia psíquica en el que hay un impulso inconsciente, cargado de fuerte contenido emocional. Tiende al sobresalto excesivo y a la irritabilidad [círculos violetas].

12. Movimientos centrípetos, donde lo único que realmente importa son sus propios intereses, satisfacer el propio egoísmo sin fijarse en los perjuicios que pudiera ocasionar en los demás [flechas anaranjadas].

13. Inclinación con variaciones súbitas, que se presenta en algunas letras donde varía la inclinación de manera repentina, comparada con el resto de las letras; este gesto corresponde a fallos en el autocontrol del sujeto, que está intentando mantener una línea de actuación homogénea, pero no puede evitar tener momentos en los que su emotividad lo traiciona, pudiendo llegar a salirse de sus límites habituales [líneas verdes vs líneas rojas].

14. Las uniones entre letras son angulosas, esto indica una actitud cerrada, intransigente, autoritaria y rígida con posible agresividad hacia el entorno. Tendencia a imponer sus ideas y deseos, egoísmo individualista. Sequedad en sus sentimientos, sujeto difícil de comprender, aún en los círculos más íntimos [círculos anaranjados].

15. Escritura con gran amplitud de movimientos y sin ninguna clase de inhibiciones indica comportamiento impulsivo. Audacia de pasar los límites socialmente permitidos, por lo que la conducta puede salirse fácilmente del comportamiento correcto. Mayúsculas con ampulosidades y escritura grande, más alta que ancha son indicadores de agresividad junto a otros rasgos [no indicada ya que es el movimiento general de toda la firma].

16. Trazo final en curva regresiva, es propio de personas que quieren dar una impresión de una gran seguridad en sí mismas, a su vez, pueden reaccionar con cólera verbal defensiva en caso de experimentar un sentimiento de ofensa [círculo celeste].

17. Trazo final largo, recto y fuerte, indica la fuerza invasora y reclamo de atención, haciendo prevalecer e imponiendo su presencia física, sus deseos y objetivos [círculo rosa].

Los rasgos angulosos que se observan en la firma y que se muestran en los números 2, 3 y 6 son uno de los indicadores de tendencia a actos violentos. El acceso al análisis del original permitiría reconfirmar este aspecto, ya que se podría observar la existencia o no de diferencias en el recorrido de la letra y de los trazos finales que, en caso de poseerlos, mostraría qué tipo de violencia podría llegar a ejercer.

Los trazos de egoísmo y maldad estarían representados por la escritura más alta que ancha, como se muestra en los óvalos del número 3; en los movimientos en espirales centrípetos, como muestra del número 5, y en la cantidad de movimientos angulosos mencionados en el punto anterior. La falsedad evidenciada en los movimientos ondulantes del número 1 y en la variación de la inclinación, como se muestra en el número 5.

Conclusión:

En función de los gestos gráficos detallados a lo largo del informe, y considerando que, al no contar con la firma en papel original no permite analizar la presión sobre el papel; encontrándose en formato digital, que al ampliar el documento pierde fidelidad en cuanto al grosor del trazado. Pese a ello, y basándome en las interpretaciones arriba descritas, se puede arribar a la conclusión de que el sujeto podría llegar a manifestar impulsos violentos hacia los demás, del mismo modo que se evidencian rasgos que estarían asociados a posibles actos de agresividad, venganza y, en menor medida, de crueldad.

Les expongo este análisis para que puedan tener una observación de manera diferente a través de la interpretación de la escritura, que es solo un apéndice para la investigación. Para los que no conocen de qué se trata la grafología y para qué funciona, pues es una disciplina que trabaja con el análisis de la escritura y otras formas gráficas de expresión, que es utilizada para interpretar y conocer las características de la personalidad del individuo.

Ahora, les presentaré el siguiente caso, presten mucha atención.

Segundo Caso

Charles Joseph Whitman (24 de junio de 1941 - 1 de agosto de 1966) fue un estudiante en la Universidad de Texas, en Austin, y un exmarine que mató a quince personas e hirió a treinta y dos en el campus de dicha universidad el 1 de agosto de 1966, tras haber asesinado a su esposa y a su madre la víspera. Whitman mató a tres de sus víctimas dentro de la torre de la universidad, y a doce más disparando desde el mirador de la torre 1. Dos de las personas heridas fallecieron en los treinta días siguientes, por lo que en total causó 19 víctimas mortales.

En el propio mirador de la torre fue abatido por los policías Houston McCoy y Ramiro Martínez.

Charles Whitman se crio en una familia de clase media-alta con un padre propietario de un negocio de fontanería en Lake Worth (Florida). Whitman era el mayor de tres hermanos, sobresalía en sus estudios y era muy apreciado por sus compañeros y vecinos. Había problemas de convivencia en la familia que se intensificaron en 1966, cuando su madre dejó a su padre y se mudó a Texas. Su padre era un hombre trabajador y autoritario que exigía la perfección a su familia, a la que maltrataba emocional y físicamente.

Las frustraciones de Whitman con su familia disfuncional se agravaron por el abuso de anfetaminas y el deterioro mental de sus

11

últimos años. Entre sus problemas de salud había dolores de cabeza, que describió en sus últimas cartas como "tremendos". En su diario escribió que se sentía "víctima de pensamientos e ideas extraños" y que no lograba "controlar su creciente agresividad". La autopsia reveló un tumor cerebral del tipo glioblastoma multiforme, que es un tumor cerebral muy agresivo.

Expertos de la "Comisión Connally" concluyeron que quizás tuvo un papel en sus acciones. La autopsia fue requerida expresamente por Whitman en sus cartas y fue autorizada por su padre. Whitman dijo que "algo no funcionaba bien dentro de él". También le afectó una corte marcial como marine de los Estados Unidos y su fracaso académico en la Universidad de Tejas. En una nota escrita a máquina dejada en el 906 de Jewell Street en Austin (Tejas), con fecha del 31 de julio de 1966, dejó constancia de ambiciones personales y rasgos psicóticos.

Varios meses antes del tiroteo, lo llamaron a Lake Worth (Florida) para recoger a su madre, quien había presentado una demanda de divorcio contra su padre. El estrés causado por la ruptura de la familia se convirtió en el tema de conversación predominante entre Whitman y un psiquiatra del Centro de Salud de la Universidad de Texas, el 29 de marzo de 1966.

El día anterior al tiroteo, Whitman compró unos prismáticos y un cuchillo en la ferretería Davis Hardware, así como también una lata de jamón spam en una tienda de la cadena 7-Eleven. Luego recogió a su esposa de su trabajo de verano como operadora de la compañía telefónica Bell, antes de ver a su madre para almorzar en su trabajo en la Cafetería Wyatt cerca del campus.

Cerca de las 4:00 p.m., fueron a visitar a sus amigos, John y Fran Morgan, quienes vivían en la misma zona. Se fueron a las 5:50 aproximadamente, así su mujer, Kathy Whitman, podía ir a su trabajo de las 6:00 a las 10:00 p.m. Esa tarde, a las 6:45, Whitman comenzó a escribir su nota de suicidio.

Una parte decía:

No entiendo muy bien qué es lo que me obliga escribir esta carta. Quizás es para dejar alguna vaga razón por las acciones que recientemente he hecho. Realmente no me entiendo estos días. Se supone que debo ser un hombre razonable e inteligente. Sin embargo, últimamente (no puedo recordar cuándo comenzó) he sido víctima de muchos pensamientos inusuales e irracionales.

La nota explicaba, y continuaba diciendo que había decidido asesinar a su madre y esposa, pero no decía nada de lo que acabaría pasando en la universidad. Decía que no sabía bien por qué iba a matarlas, aunque sí anotó que quería aliviarlas del sufrimiento de este mundo. Justo después de la medianoche, asesinó a su madre Margaret. No se sabe bien cómo lo hizo, pero parece que la había dejado inconsciente antes de apuñalarla en el corazón. Dejó una nota escrita a mano al lado de su cuerpo, que transcribimos parcialmente:

A quien corresponda: He quitado la vida a mi madre. Me subleva el haberlo hecho. Sin embargo, siento que, si hay un cielo, ella definitivamente está allí ahora... Realmente lo siento... No duden de que quería a esta mujer con todo mi corazón.

Whitman regresó a su casa de la calle 906 Jewell Street y apuñaló a su esposa Kathy tres veces en el corazón mientras dormía, regresando a la nota escrita a máquina que había comenzado antes, terminándola a mano, y diciendo:

Me imagino que parece que asesiné brutalmente a mis seres queridos. Solo quise hacerlo rápido y bien... Si mi póliza de seguro de vida es válida, por favor que paguen mis deudas... donen el resto anónimamente a una fundación de salud mental. Quizás la investigación pueda prevenir futuras tragedias de este tipo.

También pidió que le hicieran una autopsia después de su muerte, para determinar si había algo que pudiese explicar sus acciones y dolores de cabeza, y escribió notas a cada uno de sus hermanos y su padre, y dejó instrucciones en el apartamento para que los dos botes de película que dejó sobre la mesa se revelasen, y que el cachorro de raza escoces fuese dado a los padres de Kathy. A las 5:45 a.m. El lunes 1 de agosto de 1966, Whitman llamó al supervisor de Kathy en Bell para explicar que estaba enferma y no podía ir a trabajar ese día. Hizo una llamada similar al lugar de trabajo de su madre Margaret, cerca de cinco horas después. Las armas de fuego de Whitman, que fueron llevadas a la torre eran: un revólver 357 Magnum de Whitman, tomado de su cuerpo por el policía Jerry Day.

Whitman había alquilado una carretilla de la Austin Rental Company y cobró $ 250.00 dólares de cheques sin fondo en el banco antes de ir a la ferretería Davis' Hardware y comprar una carabina M1, explicando que quería cazar jabalíes. También fue a Sears y compró una escopeta semiautomática y un maletín de fusil de color verde. Después de cerrar el cañón de la escopeta mientras charlaba con el cartero Carter Arlington, Whitman recogió todo junto con un rifle Remington 700, una carabina M1 y otro Remington M 141 calibre 35 y varios otros artículos que tenía guardados en un baúl de madera y en su armario personal de los marines. También llevó un revólver Smith & Wesson M19 calibre 357 Magnum, una pistola Luger de 9 mm, y otra pistola pequeña, que fue identificada como una Galesi-Brescia calibre 6,35mm. Antes de ir a la torre, se puso chaleco de color caqui sobre su camisa y pantalones vaqueros. Una vez en la torre, se puso una banda blanca.

Llevó la carretilla alquilada con su equipo, se encontró con el guardia de seguridad Jack Rodman y obtuvo un pase de estacionamiento, diciendo que tenía que hacer una entrega y mostrando a Rodman una tarjeta que lo identificaba como profesor "research assistant" de la universidad. Entró al edificio principal poco después de las 11:30 a.m., donde no pudo accionar el ascensor hasta que Vera Palmer le informó que no estaba encendido y lo encendió para él. Se lo agradeció y tomó el ascensor hasta el piso vigésimo séptimo de la torre, sólo un piso por debajo del reloj.

Luego arrastró su carretilla por un tramo largo que llegaba a una escalera que iba a las habitaciones del área de la plataforma de observación. Edna Townsley era la recepcionista de turno, observó el baúl de Whitman y preguntó sí tenía su identificación de trabajo de la universidad. Él la dejó inconsciente con la culata de su fusil y arrastró su cuerpo detrás de un sofá, ella fallece más tarde en el Hospital Seton a consecuencia de este golpe.

Momentos después, Cheryl Botts y Don Walden, una pareja joven que había estado observando recreacionalmente desde la plataforma de la torre, regresó al área de la recepción y se encontró con Whitman, con un fusil en cada mano. Bott declaró luego que ella creía que la gran mancha roja en el piso era barniz, y que Whitman estaba allí para disparar a las palomas. Whitman y la pareja joven se saludaron y la pareja se fue por el ascensor. Cuando se fueron, Whitman bloqueó la escalera.

Poco después, dos familias, los Gabour y los Lamport, iban de camino a las escaleras y se las encontraron bloqueadas. Michael Gabour estaba tratando de ver más allá de la barricada cuando Whitman le disparó con la escopeta recortada. Le dio en el lado izquierdo del cuello y la región del hombro, enviándolo por encima de la barandilla de la escalera sobre los miembros de la familia. Mark Gabour y su tía Marguerite Lamport murieron instantáneamente; Michael quedó parcialmente incapacitado, y su madre permanentemente.

Edificio principal de la Universidad de Tejas en Austin de donde estaba Whitman, quién estaba justo bajo el reloj. Los primeros disparos desde la terraza se produjeron aproximadamente a las 11:48 a.m. Un profesor de historia fue el primero en llamar al Departamento de Policía de Austin, después de ver a varios estudiantes heridos en la zona comercial del sur del campus. Al principio no se tomó conciencia de quién estaba disparando, hasta que finalmente se extendieron la noticia y el pánico. Una vez que se tomó conciencia de la situación, se ordenó que todos los policías de servicio de Austin fueran al campus. Otros policías fuera de servicio, los asistentes del Sheriff del Condado de Travis y el Departamento de Seguridad Pública de Tejas también se congregaron en la zona para ayudar.

Unos veinte minutos más tarde, una vez que Whitman empezó a hacer frente a los disparos de las autoridades y civiles armados (en su mayoría estudiantes) que traían sus propias armas de fuego para ayudar a la policía, este utilizó los desaguaderos en cada lado de la torre como troneras, permitiéndole continuar disparando a salvo de los disparos efectuados desde abajo, aunque limitando en gran medida su abanico de blancos. Ramiro Martínez, un policía que tuvo un papel destacado en el tiroteo, dijo que había que agradecer a los civiles que dispararon contra Whitman, el que no le permitieran apuntar con tranquilidad.

El teniente de policía Marion Lee, informó desde un pequeño avión que había un único francotirador disparando desde la plataforma de observación. El avión dio la vuelta a la torre mientras Lee intentaba disparar a Whitman, pero la turbulencia le dificultaba apuntar. El avión, pilotado por Jim Boutwell, fue alcanzado por los disparos del fusil de Whitman, pero continuó dando la vuelta a la torre desde una distancia segura hasta el final de la tragedia.

La elección de víctimas de Whitman fue indiscriminada, la mayoría de ellos estaban en la calle Guadalupe, una calle comercial muy concurrida al oeste del campus. A socorrer a los heridos contribuyeron: un camión blindado y ambulancias de las funerarias locales.

El conductor de ambulancia Morris Hohmann estaba asistiendo a las víctimas en la calle West 23 cuando le dispararon en la pierna, seccionándole una arteria. Otro conductor de una ambulancia rápidamente asistió a Hohmann, quien fue llevado al Hospital Brackenridge, que tenía la única sala de emergencias de la ciudad. El director del Hospital Brackenridge declaró una emergencia, y el personal médico fue hasta allí para reforzar los turnos de guardia. Hubo voluntarios que donaron sangre en los bancos de sangre de Brackenridge y del Condado de Travis para ayudar a las víctimas.

Los policías del Departamento de Austin, Ramiro Martínez, Houston McCoy y Jerry Day, además del civil Allen Crum, fueron los primeros en llegar a la terraza de la torre, a la 1:24 p.m., y se situaron en el exterior de la puerta sur. Martínez, con McCoy detrás, formaron una pareja y fueron hacia el norte, rodeando la plataforma de observación por el este.

Day, seguido de Crum, formaron una segunda pareja y fueron hacia el oeste por el sur. El plan era que las parejas llegasen a donde estaba Whitman por lados opuestos. Unos metros antes de llegar a la esquina suroeste, a Crum se le disparó el fusil prestado. Martínez aprovechó para salvar la esquina noreste de un salto y vació los seis tiros de su revólver.38 sobre Whitman. Mientras Martínez estaba disparando, McCoy saltó a su derecha y disparó dos tiros mortales en la cabeza, cuello y el lado izquierdo de Whitman, quien estaba sentado, dando la espalda a la pared norte en la esquina noroeste, a unos quince metros. Whitman, que parecía no haberse dado cuenta de la presencia de Martínez y McCoy, estaba protegido en parte por las luces de la cubierta de la torre y en una posición para defender ataques desde cualquiera de las dos esquinas.

Después de haber vaciado el revólver, Martínez lo tiró al suelo, cogió la escopeta de McCoy, corrió hacia el cuerpo tendido de Whitman y disparó a quemarropa sobre su antebrazo izquierdo.

Luego tiró el arma al suelo y rápidamente abandonó la escena gritando: ¡I got him! (¡Le he dado!).

Después de atender a los heridos en el hueco de la escalera, los policías Milton Shoquist, Harold Moe y George Shepard, subieron al piso vigésimo octavo y llegaron cuando Martínez, McCoy, Day y Crum estaban afuera, en la plataforma de observación.

Moe, que llevaba una radio de la policía, escuchó a Martínez decir, "Le he dado", y comunicó sus palabras al operador de la radio del Departamento de Policía de Austin.

Se realizó una autopsia, tal como pidió la nota de suicidio de Whitman, que fue aprobada por el padre de Whitman, Charles Adolf Whitman, y realizada por el Dr. Coleman de Chenar. Se le halló un tumor cerebral. Al principio se dijo que era un astrocitoma, pero más tarde se dijo que era un glioblastoma. El documento decía que esta lesión "posiblemente podría haber contribuido a su incapacidad para controlar sus emociones y acciones".

Hubo un funeral para Whitman y su madre, oficiado por Tom Anglim en la parroquia de la familia del Sagrado Corazón, en Lake Worth. Fue enterrado al lado de su madre y de su hermano John. Por ser veterano de los marines, el ataúd de Whitman se cubrió con una bandera de los Estados Unidos (Biography.com Editor, abril, 2014).

Les pregunto:

- ¿Qué elementos pudieron identificar, en los que pudieron estar relacionado con estos hechos?
- ¿Y qué importancia pudiera tener la condición de glioblastoma en el suceso?

Tercer Caso

Escuela superior de Columbine, dos adolescentes de nombre Eric Harris, de dieciocho años, y Dylan Klebold de diecisiete años, entraron a la escuela donde eran estudiantes, armados con dos escopetas, carabina, pistola y varios dispositivos explosivos caseros y una bomba compuesta con gas propano. Los jóvenes, antes de suicidarse, realizaron un sinnúmero de disparos en la cafetería del plantel y en la biblioteca asesinando a quince personas (catorce estudiantes y un profesor), e hiriendo a un total de veinticuatro estudiantes.

Eric Harris, nació 9 de abril de 1981 en Wichita, Kansas, hijo de Wayne Harris, piloto de la fuerza aérea de los estados unidos, y su madre Kathy era ama de casa; y tenía un hermano de nombre Kevin. La familia se mudó a la zona de Littleton (cerca de la escuela columbine) en julio de 1993 época durante la cual, Eric conoció a Dylan klebold.

Dyland Klebold, nació en lake Wood colorado, hijo de tomas y Susan y tenía un hermano de nombre Byron. El padre de Dylan era pacifista.

Eric era un joven simpático, delgado y de excelentes calificaciones académicas, introvertido y no muy expresivo con los demás, se encerraba en sus grupos de amigos. A pesar de estas características,

Eric guardaba un gran odio, el cual expresaba escribiendo en su diario o en su sitio web.

Se sospecha que fue la mediación no necesaria la causante de sus comportamientos, prueba de los cuales son otros efectos maníacos depresivos en adolescentes.

A Eric le gustaban las canciones "son of a Gun" dé KMFDM, unos de sus mejores éxitos; en su habitación se encontraba un poster de "Marilyn Manson" al que se le atribuye a inducir a Eric por medio de sus canciones a esta matanza.

Hipótesis de lo ocurrido: se sabe que Eric pensaba que el sistema educativo de los estados unidos estaba podrido, aunque tenía excelentes calificaciones. En un video grabado, Eric pregunta a Dylan qué pensaría la gente cuando lleven a cabo la masacre, y este le responde que se preguntarán por qué lo hicieron.

El FBI ocultó y guardó lo que sigue del video, bajo un pacto de silencio, para evitar una sublevación estudiantil. Según testigos, permanecerá guardado celosamente hasta el 2026.

Los dos jóvenes se conocieron alrededor de 1993 y en el 1995 ambos se cambiaron al instituto columbine de escuela superior (high school).

Eric Harris era jugador habitual del juego electrónico "DOOM" y creó una serie de niveles que después se conocieran como "Harris Levels". Harris solía utilizar en la web el alias: Reb, rebdomer y redomine, mientras Klebold se llamaba vodka por sus iniciales DK.

Harris era dueño de una página web titulada "you know what i hate" en español "sabes lo que odio" en donde realizaba una especie de listados de las cosas que le desagradaban y donde se ve claramente que sentía un odio tremendo, pues su lista de odio estaba escrita en un lenguaje extremadamente agresivo y vulgar.

Las primeras investigaciones, posteriores a la masacre indicaron que Harris y Klebold eran víctimas de acoso escolar "Bullying". Los demás estudiantes los rechazaban ya que no eran niños normales, vestían de modo diferente a la mayoría de los estudiantes, <u>eran torpes practicando deportes y no tenían muchos amigos. De hecho, los llamaban excluidos</u>.

En uno de sus videos, mientras caminaban por los pasillos de la escuela, un amigo de ambos sostiene la cámara y se acerca al grupo de chicos populares (jocks), y se puede ver cómo uno de ellos, al pasarle por el lado con la cámara lo golpea.

Según algunas fuentes, los dos pasaban por esto todos los días, y los amigos de ambos fueron testigos de numerosas ocasiones en las que vieron cómo Eric y Dylan eran víctimas de insultos y empujones.

Estos acosos y rechazos les generaban más rencor y odio, el diario de Eric es una clara muestra de esto. En una de las páginas del diario se puede leer "odio, estoy lleno de odio y lo amo". Como también se pueden ver símbolos nazis y dibujos de personajes con armas al estilo DOOM.

El diario de Dylan Klebold era menos agresivo; se puede notar que era un muchacho depresivo. Menciona todo el tiempo que la vida ha sido injusta con él y que no tiene felicidad y amor.

Musicalmente, Harris admiraba a Rammstein, KMFDM, del cual era gran admirador, y la banda electrónica "The Prodigy" y al grupo de aquella época "Independiente Cold play". A Dylan también le gustaban los mismos grupos, en adición a las canciones de "Marilyn Manson".

Ambos jóvenes tuvieron problemas con la ley en 1998 por <u>intentar robar unas herramientas de una guagua estacionada. Eric tuvo que asistir a clase de manejo de la ira,</u> donde dejo una buena impresión.

La mañana de la masacre, un amigo de ellos llamado Brock Brown, vio a Harris acercarse a la escuela mientras fumaba un cigarrillo fuera de la misma, inmediatamente se acercó a Eric para preguntarle las razones de sus ausencias, a lo que respondió: *Brock, me caes bien*. *Las cosas se van a poner muy feas ahí dentro. Y ahora, lárgate de aquí. Vete a casa.*

Y posteriormente ocurrió la peor masacre de todos los tiempos. (History.com Editor abril, 2014).

Me pregunto:

¿Cómo puede influir la fantasía sobre la realidad?
¿El bullying fue un detonante?

Cuarto Caso

Otro Incidente ocurrido en la universidad "Virginia Tech" el 16 de abril de 2007.

Cho Seung-Hui "La Masacre de Virginia Tech".

La vida de Cho Seung-Hui se podría resumir en tres palabras: <u>odio, violencia y venganza.</u> No existió un interrogatorio, pues Cho (al igual que la mayoría de los asesinos en masa) se quitó la vida después del tiroteo, y las únicas pistas que quedaron, fueron sus delirantes descargas grabadas en una cámara de video, un par de notas conocidas como "Manifiesto" y el superfluo análisis de un par de psicólogos que lo entrevistaron poco antes de la masacre.

Cho Seung Hui nació en Seúl, Corea del Sur, el 18 de enero de 1984. Su familia era muy pobre y vivían en una habitación muy pequeña. Desde pequeño, Cho demostró ser un chico bastante inteligente; sin embargo, <u>su mutismo absoluto y su aparente carencia de emociones preocuparon a sus padres.</u> Se pensó que era mudo, <u>pues no hablaba... pero tampoco reía</u> ni <u>parecía prestar atención a estímulos externos.</u> Su hermana mayor diría, años más tarde, que ni siquiera la miraba. Luego de llevarlo a un especialista, <u>se le diagnosticó autismo.</u>

Unos familiares que vivían en EE. UU. invitaron a la familia de Cho a probar suerte en el país del norte. Quizá este "cambio de aire" le haría bien al niño, sin mencionar que su calidad de vida podría mejorar considerablemente. El clásico sueño americano parecía concretarse... claro que sacar los pasaportes para viajar a EE. UU. le demandó a la familia varios años de esfuerzo.

Con ocho años, Cho Seung-Hui llegó con su familia a Norteamérica, el país de las oportunidades. Se asentaron en Fairfax, al norte de Virginia, un lugar agradable para vivir. Pero al poco tiempo, el pequeño Cho comenzó a tener problemas en la escuela, pues sus compañeros solían molestarlo debido a su mutismo. No hablaba con nadie, no prestaba atención a sus maestros, a pesar de obtener buenas calificaciones, y cuando se dignaba a mirar a alguien, siempre era con un rostro tan inexpresivo, que sacaba de quicio a quien trataba de acercarse. Con la misma pasividad, aguantó burlas y comentarios xenofóbicos que solo conseguían acrecentar su latente odio por las personas.

Un par de profesores recordaron a Cho como un muchacho solitario... que no poseía amigos y que parecía no desearlos. No miraba a quienes lo rodeaban y cada vez se aislaba más. Si tenía que comunicarse, lo hacía con frases cortas y escuetas, tratando de no extender una conversación. Sus trabajos relacionados con ensayos o creaciones literarias, lo cual parecía despertar su interés, incluían siempre situaciones violentas y tormentosas, en donde se incluían asesinatos, suicidios y groserías en general.

Su situación en la escuela fue de mal en peor. Mientras continuaba aislado y perdido en sus fantasías, sus compañeros de clase comenzaron a acosarlo. Lo empujaban y molestaban por ser extranjero. Su inglés no era muy bueno y su voz, sumamente profunda, era objeto de burla en Las ocasiones en que debía hablar frente a un profesor, frases como "Vuelve a la China" eran afrentas que debía soportar día a día. Ni siquiera su altura de 1,89 mts. bastante alto para el promedio de estatura coreano, lograba intimidar a sus compañeros de clase.

En una ocasión, Cho dejó caer un papel en donde tenía escrito que deseaba matar a sus compañeros de clase. La palabra "matar" se repetía cientos de veces. Uno de los chicos lo vio y recordaría esta amenaza, años después, cuando se enteró del tiroteo que protagonizó Cho Seung-Hui en la Universidad de Virginia Tech.

Pocos años después, Cho logra entrar a la universidad. En un principio había escogido la carrera de Informática; pero, finalmente, se inclinó por Literatura. Algunos especialistas dirían que este repentino cambio de planes, manifestaba su desesperada necesidad de comunicación.

Nuevamente, su extraño comportamiento se hace notar, y la mayoría de sus compañeros lo tildan de "raro". Debía compartir habitación con un par de compañeros, y estos coincidían en que sus comentarios eran cada vez más extravagantes y descabellados.

Les sugiere que lo llamen "Question Mark" (Signo de interrogación) y firma listados de alumnos con el signo "?". En otra ocasión, Cho los acompañó a una fiesta en donde se emborrachó y se volvió bastante parlanchín. Allí sorprendió a todos al contar que tenía una novia inventada que vivía en el espacio exterior. Quienes estaban presentes, no sabían si Cho estaba borracho, les quería tomar el pelo o se estaba volviendo completamente loco.

Al igual que en la infancia, los escritos de Cho llaman la atención de algunos profesores, pues trataban de temas excesivamente violentos. Una joven e idealista profesora de Virginia Tech se ofrece para ayudar a Cho a integrarse al grupo y a evaluar sus escritos (esto debido a que otro profesor ya se había dado por vencido ante la antipatía de Cho Seung); pero lo único que consiguió fue ser acosada por el estudiante coreano, quien la ignoraba mientras ella trataba de ayudarle en clases particulares, o se dedicaba a reír mientras le tomaba fotos con su teléfono celular, sin prestarle atención alguna. Tal fue la incomodidad de la profesora, que también dio un paso al costado

A Cho comienzan a llamarle la atención un par de compañeras de curso, y trata de abordarlas torpemente. Además de callado, era sumamente tímido, por lo que sus intentos no prosperaron. Como es previsible en este tipo de personalidades, Cho sintió cada rechazo amoroso como otra agresión, y comenzó a acosarlas, diciéndoles amenazas y groserías por teléfono.

Las chicas acusaron a Cho con las autoridades, y estos decidieron hacerle una visita. Al parecer, el susto que se llevó fue bastante, pues apenas fue visitado por la policía y advertido por su comportamiento obsesivo, Cho Seung-Hui desapareció varias horas, no sin antes enviar un mensaje al celular de uno de sus compañeros de habitación (algo sumamente poco común), en el cual le decía que planeaba suicidarse. Los profesores de Cho ya habían puesto en alerta a las autoridades del campus con respecto al estudiante coreano, pues sus escritos habían sido calificados de "perturbadores" y "violentos", lo que había preocupado a varios docentes.

Se decidió tratar a Cho con ayuda profesional y la tutoría de un psicólogo, el cual redactó un documento lapidario: Seung-Hui padecía de delirio persecutorio, depresión, paranoia y también sospechaba que tuviera esquizofrenia. Con este historial, nadie podría ni siquiera ser considerado para adquirir un arma en los Estados Unidos... sin embargo, Cho Seung-Hui lo logró.

Después de un tiempo, y en vista de que no se levantaron cargos contra Cho, el joven siguió concentrado en sus estudios sin ningún tipo de supervisión. Para entonces, sus fantasías violentas continuaban; pero esta vez tenía un plan.

Con facilidad espantosa, Cho consiguió comprar dos armas, una Glock de 9 mm y una Walther P22, además de más de quinientas balas. También adquirió ropa militar, gorros, guantes negros y un cuchillo. La idea de iniciar un tiroteo en el campus se le antojó adecuada para descargar su ira contra el mundo. Allí se encontraban las mujeres que lo ignoraban, y los chicos que lo molestaban a diario.

La famosa "Matanza de Columbine" tomaba sentido para Cho. Eric Harris y Dylan Klebold, se habían vuelto unos mártires para él.

Comenzó a redactar un documento al que llamaría "Manifiesto", el cual también contendría un video, en el que Cho explicaba las razones que lo habían llevado a tomar tan drástica decisión. Se grabó y fotografió en posturas amenazantes, vistiendo de militar y empuñando ambas armas en cada mano. Se inscribió en un campo de tiro, en donde practicaba cuatro o cinco días a la semana. También empezó a asistir a un gimnasio, posiblemente para sentirse "en forma" cuando llegase el momento del tiroteo. Queda en evidencia que Cho planeó muy bien su ataque, sobre todo si tomamos en cuenta que antes de cometer el tiroteo, decidió probar la capacidad de reacción de la seguridad en el campus. Al mismo tiempo, sus compañeros de cuarto notaban un comportamiento aún más extraño en Cho. Dormía casi todo el día y se levantaba por la noche, en donde amanecía visitando páginas de Internet. Por la madrugada, tomaba su bicicleta y salía a recorrer el campus, sin decirles exactamente a dónde iba.

Entre los días 2 y 13 de abril del 2007, Cho Seung-Hui realizó un par de llamadas anónimas a la universidad advirtiendo la presencia de bombas en el campus. Se hizo desalojo de los estudiantes en ambas ocasiones; pero en vista de que todo parecía ser parte de una broma de mal gusto, las autoridades decidieron ofrecer una recompensa para conocer la identidad del sujeto que realizó las llamadas y tomar cartas en el asunto. No hubo respuesta.

La mañana del 16 de abril, poco después de las 07:00 am, Cho se acercó al campus con un arma. Hacía frío y aún no llegaban todos los estudiantes. Siguió a Emily Hilscher, una hermosa chica que estudiaba Zoología y que había quedado de juntarse a estudiar con una amiga. Su novio, Kart Thornhill, la había pasado a dejar en su vehículo, y luego se marchó. Se ha especulado que Emily había mantenido una corta relación con Cho; pero es poco, probable considerando que Cho era sumamente tímido y huraño, mientras Emily era una chica popular y atractiva.

Mientras la chica se dirigía al casino, Cho debió interceptarla y amenazarla con el arma. Ryan Clark, otro estudiante, estaba en su habitación cuando escuchó una discusión. Salió a ver qué ocurría, y se encontró con Cho y Emily en pleno pasillo. Los encañonó y obligó a entrar a la habitación, en donde les disparó. Emily y Clark fueron asesinados, y Cho se dio a la fuga. Minutos después, se descubrirían los cuerpos y se llamó a la policía. En ese momento, todo apuntaba a que el novio de Emily, Kart Thornhill, la habría descubierto en la habitación de Ryan Clark y los habría asesinado, probablemente, por celos. Thornhill tenía fama de ser un buen tirador y de poseer unas cuantas armas, por lo que la policía salió en su búsqueda inmediatamente.

Mientras tanto, Cho se preparaba para la masacre, no sin antes dirigirse a la oficina postal para entregar su "Manifiesto" por correo a la cadena NBC. El remitente era "Isamil Ax" Posteriormente, su manifiesto, el video e incluso sus obras literarias, fueron publicadas en distintos portales en Internet.

En la universidad se corría el rumor de un tiroteo; sin embargo, se aseguraba que era un evento aislado y que la policía había atrapado al autor. En esos momentos, el novio de Emily era detenido por las autoridades como el principal sospechoso del doble asesinato. Esta suposición, por parte de la policía y las autoridades académicas, y el hecho de no haber desalojado la universidad al menos por precaución, fueron unos de los mayores errores cometidos por quienes debían velar por la integridad del alumnado de Virginia Tech, que dieron tiempo al verdadero asesino para volver al campus y realizar el tiroteo definitivo.

A las 09:05, Cho Seung-Hui entró al campus, armado con dos revólveres de gran potencia, un cuchillo y ropa militar. Como había planeado, muchos alumnos se encontraban en clases, y comenzó la primera parte de su plan. Algo que incluso los célebres asesinos de Columbine no habían contemplado, y que figuraría como uno de los elementos más mortíferos en su ataque al campus. Días antes del tiroteo, Seung-Hui compró dos candados y dos cadenas muy gruesas, y con ellas bloqueó dos de los accesos a los salones de clases, dejando sin escapatoria a sus víctimas. Con cientos de alumnos a su merced, Cho comenzó el que sería recordado como uno de los peores tiroteos de la historia de los Estados Unidos.

Algunas personas se percataron de que las puertas habían sido bloqueadas, y decidieron llamar a los auxiliares, pues creyeron que se trataba de una broma. Cerca de donde se habían puesto los candados, se encontró una nota que advertía no quitar las cadenas o una bomba estallaría. Era de conocimiento general que ya se habían enviado mensajes sobre una bomba en el campus, los cuales habían resultado falsos, por lo que varios de los que quedaron encerrados en los pasillos supusieron que el bromista nuevamente les estaba tomando el pelo. No podían estar más equivocados. Al mismo tiempo, Cho Seung-Hui entraba a un salón de clases, y luego de saludar al profesor con un irónico "Hola ¿Cómo estás?" le disparó en la cabeza. Luego, comenzó a disparar a los aterrados estudiantes, rematando a varios en el piso. Después de acribillar a casi toda la clase, salió al pasillo y comenzó a atacar, salón por salón, a quienes estaban en medio de sus clases. El caos fue tremendo. Si no disparaba en las salas de clases, lo hacía en los pasillos, encarando a quienes trataban de salir por los accesos que él mismo había bloqueado, convirtiendo el campus en una trampa mortal. Varios alumnos se percataron de lo ocurrido, y se lanzaron por las ventanas del edificio, fracturándose piernas y brazos. Otros no tuvieron tanta suerte y fueron encarados por Cho, quien no vacilaba en disparar indiscriminadamente.

Las autoridades habían sido alertadas sobre el tiroteo por los mismos sobrevivientes que aún estaban encerrados en el campus y que, por medio de sus teléfonos celulares, llamaban desesperados al 911 por ayuda. Histéricos, se protegían en sus salones, bloqueando las puertas con mesas y sillas para evitar que Cho entrara. El asesino disparaba y gritaba por los pasillos; pero no logró acceder a todos los salones, algo que lo descontroló. Comenzó a entrar a las salas que ya había atacado y volvía a dispararle a los cadáveres. Entre ellos, varios estaban vivos y haciéndose los muertos. Finalmente, Cho Seung-Hui escuchó cómo las sirenas de la policía se acercaban al lugar, cogió sus dos armas y las puso en su cabeza, apretó el gatillo de ambas y todo terminó.

En total, sesenta y una personas fueron brutalmente acribilladas. Treinta y dos de ellas fallecieron (treinta alumnos y dos profesores) y el resto quedaron gravemente heridos. Los canales de televisión y la prensa en general, apostados fuera del campus, comenzaron a hablar de diez muertos... luego, quince... veinte... treinta. Parecía ser peor que Columbine. Cuando los policías lograron entrar al campus, los sobrevivientes y heridos fueron retirados en medio del horror de los testigos, que aún no podían creer lo que había ocurrido.

Imágenes impactantes dieron la vuelta al mundo, en donde se ve a docenas de chicos heridos, siendo arrastrados (literalmente) a las ambulancias cercanas. Uno de los heridos aseguraba que el asesino se había quitado la vida; pero, esta vez, las fuerzas especiales decidieron actuar con cautela. Minutos más tarde, se confirmaba la muerte del autor del tiroteo: Cho Seung-Hui, de veintitres años.

Debido a un error de envío, el famoso "Manifiesto" de Cho, llegó tarde a la cadena NBC. Sin embargo, al corroborar que su contenido no se trataba de una broma de mal gusto, la cinta fue difundida por los medios de comunicación, casi de inmediato. En un extenso video, Cho Seung-Hui, que lucía amenazador, explicaba los motivos que lo habrían movido a cometer semejante brutalidad. Entre frases llenas de rencor y odio, a ratos parecía ser incoherente;

pero aun así el mensaje era claro. Culpaba a la sociedad por excluirlo y atormentarlo. Aseguraba ser el resultado de lo que ellos mismos habían creado, y que ahora les tocaba pagar: "Ustedes me obligaron a hacer esto" También despotricaba contra los "chicos ricos" y la "degradación de la moral" (Stephen Crowley/The New York Times, April, 2007).

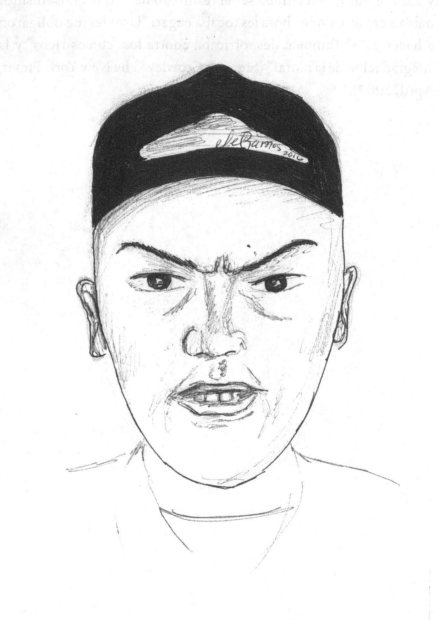

Quinto Caso

La masacre de la Escuela Primaria de Sandy Hook fue un atentado que ocurrió el 14 de diciembre de 2012, en la escuela primaria local Sandy Hook (Sandy Hook Elementary School) de Newtown, Connecticut, Estados Unidos. Según los informes oficiales, por lo menos, veintiocho personas resultaron fallecidas, incluyendo a Nancy Lanza (madre del autor) y Adam Lanza, perpetrador de los hechos. Del total de víctimas, veinte eran niños y seis adultos.

El asesino fue un joven de unos veinte años que se suicidó. dieciocho niños murieron en el centro donde se produjo el suceso. Los dos niños restantes en el hospital. Los adultos murieron en el centro.

Es el tercer peor ataque registrado en un centro educativo en Estados Unidos, después de la masacre en Bath School en 1927 y la masacre de Virginia Tech en 2007. Y el segundo tiroteo más mortífero del país después de la masacre de Virginia Tech. Adam Lanza, perpetrador, veinte años. Nancy Lanza, madre del perpetrador, cincuenta y dos años. Un total de veintiocho víctimas dejó el atentado perpetrado por Adam Lanza: veinte niños, seis adultos, Nancy Lanza (madre del perpetrador) y el mismo autor, después de suicidarse.

Una de las víctimas fue identificada como Dawn Lafferty Hochsprung, la cual desempeñaba el cargo de directora del colegio, de cuarenta y siete años la describieron como «una directora muy carismática», según las palabras de un funcionario. Una psicóloga y cuatro profesoras también resultaron abatidas, mientras que diecisiete niños de seis años y otros tres de siete años murieron en los hechos. El teniente J. Paul Vance, portavoz de la Policía del Estado de Connecticut, dijo que todos los cuerpos de las víctimas fueron retirados y se identificaron durante la noche siguiente.

En Puerto Rico, el nombre de la niña de seis años, Ana Márquez-Greene fue informado como una de las víctimas por parte de su tío-abuelo, Jorge Márquez, alcalde de Maunabo, después que la familia fuese notificada por las autoridades. Un policía estatal fue asignado a cada una de las familias de las víctimas para la protección de su privacidad. El médico forense dijo que todas las víctimas murieron a consecuencia de múltiples heridas de bala.

El pistolero, Adam Lanza, fue el responsable de los sucesos. Lanza se graduó de la secundaria en 2010 y vivió en su casa. Se sugirió que su madre no podía trabajar, por lo que tenía que quedarse en casa para cuidar de ella. La familia recibió el apoyo, luego de una pensión anual de 240.000 dólares pagados por el padre de Lanza.

Dos días antes de la masacre, Lanza fue a una tienda de artículos deportivos en Danbury, Connecticut, y trató de comprar un rifle. Finalmente, le fue denegada el arma, porque no quiso someterse a una verificación de antecedentes o cumplir con el período de espera del estado para la venta de armas.

En el momento de los disparos, Adam Lanza llevaba la identificación de su hermano mayor, Ryan, y las principales fuentes de las autoridades señalaron al hermano mayor de Adam como el agresor. Sin embargo, Ryan sería sometido voluntariamente a un interrogatorio por la policía de Nueva Jersey, en el que no se le consideró sospechoso y no fue tomado en custodia. Él dijo que no había estado en contacto con su hermano desde 2010. Ryan después accedió voluntariamente a ser interrogado por la Policía del Estado de Connecticut y la Oficina Federal de Investigaciones (FBI).

Los estudiantes y profesores que conocían a Adam en la escuela secundaria lo describieron como «inteligente, pero nervioso e inquieto, alegando que normalmente evitaba llamar la atención». Un conductor del autobús que transportaba a los hermanos Lanza a la escuela, les recordó que «los chicos eran muy agradables, de buen comportamiento». De acuerdo con antiguos compañeros de clase de Adam Lanza, era poco sociable y no recordaban que el joven mantuviera una estrecha amistad con otros compañeros.

El periódico británico (The Daily Telegraph) describió a Lanza como una persona «interesada en computadoras y los videojuegos».

Adam Lanza padecía del Síndrome de Asperger, un trastorno que afecta la condición mental y conductual de los pacientes. En un principio se creía que la condición fue el punto de partida para que el joven cometiera los asesinatos. Sin embargo, varios especialistas y asociaciones que trabajan con pacientes que padecen asperger, descartaron rotundamente que el síndrome fuera el motivo de la masacre. Otro de los aspectos que se manejó, en relación con los sucesos, era el hecho de que Adam Lanza era un precoz jugador y seguidor de los "videojuegos". De acuerdo con el testimonio de Peter Wlasuk, un hombre que trabajó directamente con la familia de Adam, el joven pasaba «horas jugando videojuegos violentos como "Call Of Duty", en el sótano de la casa.

Según los informes de las autoridades del estado de Connecticut, Adam Lanza ejecutó el atentado con tres armas: una pistola SIG Sauer 9mm, otra pistola Glock 10mm y un rifle Bushmaster AR-15 calibre .223 Además, el joven portaba un chaleco antibalas y un uniforme militar de color negro. Lanza también llevaba consigo múltiples cargadores con capacidad para treinta balas, según J. Paul Vance, un teniente de la policía.

Vence expresó a los medios: «Lanza tenía múltiples cargadores de alta capacidad, de treinta balas cada uno, para el fusil semiautomático (...) El autor de la matanza también contaba con múltiples cargadores para las dos pistolas semiautomáticas que llevó a la escuela, aunque sólo empleó una de ellas para quitarse la vida». Asimismo, la policía encontró una escopeta en el vehículo de Lanza, que probablemente también sería utilizada en los hechos. Justo dos días antes de que ocurrieran los asesinatos, el joven trató de comprar un rifle, pero le fue negada dicha solicitud.

La propietaria legal de las armas era la madre de Adam, Nancy Lanza, de quien se dice que era una persona aficionada a las armas de fuego. Las autoridades encontraron en la escuela gran cantidad de munición sin usar. De acuerdo con el médico forense, todas las víctimas recibieron disparos con la misma «arma larga» y se vieron afectados varias veces; uno de los cuerpos tenía once heridas de bala. (The Oakland Press. December, 2012).

Les pregunto:

- ¿Los videojuegos tendrán algunas influencias en estos hechos?

El propósito de mostrar algunos de estos casos, es para que el lector tenga una idea de lo que puede ser capaz el ser humano, independientemente de cuales sean los impulsos que motivaron a planificar y cometer estos hechos.

Es para tratar de comprender qué nos sucede como individuos y cómo acciones como estas repercuten en la sociedad. Que, en ocasiones con una carga de impulso complementado con emociones no controladas o posible desorden mental, se pudiera optar por realizar un desenlace dañino. Y que en muchas ocasiones no se miden las consecuencias. Debemos tener presente que no se muestra ningún análisis biopsicosocial en cada caso, por lo que se analiza basados en los hechos.

Interrogantes

- ¿Qué nos "sucede", por qué nos comportamos así?
- ¿Será que el ser humano está predispuesto a cometer malas acciones que pudieran estar motivadas por algún impulso?
- ¿O será algo que todos tenemos como un "switch" o "interruptor" y en el momento que lo tocan lo ejecutamos sin medir consecuencia?
- ¿O es que la misma sociedad está predispuesta a que este tipo de conducta ocurra?

Si analizamos la historia nos podemos dar cuenta de que muchas de estas conductas ya han ocurrido antes, e inclusive, si vamos mucho más allá en la historia, sin profundizar en el tema de la teología, ocurrían casos como este y hasta peores, pero con motivaciones distintas. Como, por ejemplo, las "Cruzadas", un ejército organizado por los cristianos con el objetivo de recuperar sus lugares sagrados y la tierra santa. Acciones realizadas con consecuencias devastadoras. Pero en ese entonces era aceptado y permitido por el bien del ideal religioso, e inclusive se incitaba al pueblo a presenciar los castigos en público, y hasta ejecuciones.

Hay veces que vemos casos señalados por la prensa que realmente nos tocan como seres humanos. Cuando estos casos son investigados y esclarecidos por las autoridades, posterior a esto observamos que la justicia, al dictar sentencias, imponen condena sumamente largas y en algunos casos hasta la pena de muerte. Que de cierto modo se pudiera pensar que este tipo de acto, basado en el tipo de consecuencias no volverán a ocurrir. Pero desgraciadamente se observa que actos con características similares continúan ocurriendo. Como si los a perpetradores no les preocupara las consecuencias. O es que la motivación domina todo el sentido racional.

Les pregunto:

- ¿Será que las consecuencias y el castigo fuerte, no son un persuasivo para evitar este tipo de comportamiento?

A todas estas interrogantes, les mostraré a ustedes diferentes opiniones emitidas por profesionales, como análisis y teorías para que puedan obtener su propia conclusión. Entrevistaremos a profesionales de la conducta humana. Con el propósito de poder escuchar y analizar de su punto de vista, fundamentado en sus experiencias profesionales, para así poder entender un poco más de lo que está sucediendo en nuestra sociedad.

Les mostraré algunas definiciones sobre algunos conceptos que describen y están establecidos como normas en la sociedad. Con el objetivo de que lo puedan utilizar como herramienta para que puedan emitir su propia opinión.

Comenzaremos por el…

Comportamiento social: Comportamiento o conducta sociales, en biología, psicología y sociología es el comportamiento o conducta dirigido hacia la sociedad, o que tiene lugar entre miembros de la misma especie (relaciones intraespecíficas). Los comportamientos o conductas que se establecen como relaciones interespecíficas (como la depredación, el parasitismo o la simbiosis) involucran a miembros de diferentes especies, y por lo tanto no se consideran sociales.

Mientras muchos comportamientos sociales intraespecíficos son parte de una comunicación (comunicación animal), pues provocan una respuesta o cambio de comportamiento del receptor, sin actuar directamente sobre él, la comunicación entre miembros de diferentes especies no se considera comportamiento social. La forma más original del comportamiento social humano es el lenguaje humano.

En sociología, «comportamiento» significa actividad similar al animal, desprovista de significado o contexto sociales; en contraste con «comportamiento social», que tiene ambos. En una jerarquía sociológica, el comportamiento social es seguido por la acción social, que se dirige a otras personas y se diseña para inducir una respuesta.

- <u>La conducta:</u> El hombre se desenvuelve en medio de dos realidades distintas que se interrelacionan: su medio material y su medio social. Por esta razón, a través de los siglos, pensadores, filósofos y científicos han desarrollado distintas disciplinas del conocimiento para explicar su relación con la naturaleza y su papel dentro de la sociedad.

El ser humano, al vivir en la sociedad se ve en la necesidad de organizarse en todos los sentidos, creando estructuras sociales diversas y dinámicas, entidades como la forma propia que observa cada cultura para organizar su convivencia: familiar, trabajo, educación, gobierno, ciudad, etc. El ser humano es social por naturaleza, por lo que vive en grupo con otros individuos, con la intención de protegerse, ayudarse y cooperar en la realización de propósitos comunes; creando al mismo tiempo las condiciones dignas para el crecimiento y desarrollo de su comunidad, así como la realización personal de todos y cada uno de quienes componen dicho grupo.

Desde que somos pequeños aprendemos a comportarnos dentro de la sociedad, y a identificar las normas y convenciones que debemos seguir para ser considerados miembros de ella. La sociedad es el entorno propio de la persona. Solo en ella puede desarrollarse y vivir plenamente, gozando de sus ventajas, como son la compañía, la educación, la diversión, la seguridad, el trabajo colectivo, la protección y la creación de instituciones.

Aristóteles (Estagira, 384 a. C.-Calcis, 322 a. C.) escribió en su libro: *Política* que el ser humano era un animal social. Para el filósofo griego la persona no se podía dividir por una parte en individuo y por otra en ciudadano, sino que es en la sociedad donde el ser humano se hace un ser moral, en lo individual y en lo público.

- Definición contractual: se definen las habilidades sociales como aquellos comportamientos específicos de la situación, que maximizan la probabilidad de asegurar o mantener el reforzamiento, o decrecer la probabilidad de castigo o extinción contingente sobre el comportamiento social propio. La premisa que subyace a este tipo de definiciones es la adquisición de habilidades interpersonales específicas, que permiten a uno experimentar relaciones con otros que son personal o mutuamente satisfactorias.

- Comportamiento infantil en la sociedad: Así mismo, el comportamiento no se basa única y exclusivamente en una conducta entre adultos, sino también el comportamiento que se produce en niños y los factores que lo provocan. Uno de ellos es la conducta infantil, basándose en el temperamento de cada uno, por ejemplo: Es difícil saber cómo debe ser el proceder normal infantil, ya que existe una gran variedad de actitudes y acciones entre los niños, y cada uno de ellos responde a un tipo de carácter, de la cual depende en gran mayoría a su temperamento y a sus circunstancias particulares. Parece ser que sí existen en parte genéticamente (teoría Piaget). Se dan tres tipos de conducta entre los muy pequeños.

- Temperamento Agradable y Sociable al entorno: La mayoría de los niños, en especial bebés, son de temperamento agradable, y están por lo regular de buen humor. Se adaptan fácil y rápidamente a situaciones nuevas y cambios de rutina. Los niños en esta categoría tienen un horario regular para comer. Cuando tienen hambre o algo les molesta, reaccionan por lo general de forma leve. Cuando estos niños están inquietos, encuentran, por lo general, maneras de calmarse y consolarse solos.

- Estos bebés son generalmente de buen carácter. Son felices y regulares en sus ritmos biológicos, por ser fácil estar con ellos, a veces corren el peligro de no ser lo suficientemente atendidos y estimulados. La crianza de niños de buen carácter es generalmente fácil. Es también una experiencia muy gratificadora. Algunos bebés exigen tan poco que los padres piensan que su bebé no los necesita. Por esta razón, algunos padres pasan menos tiempo estimulando a sus bebés y comunicándose con ellos. Los padres que tienen bebés de temperamento fácil deben tener en mente que sus bebés necesitan mucho tiempo y atención, aun cuando no son muy exigentes.

- Temperamento Reservado o Tímido: Ellos toman la vida con precaución. En lugar de ser físicamente activos, los bebés reservados son más propicios a observar cuidadosamente lo que sucede a su alrededor, es por ello por lo que este tipo de niños son muy observadores. Los bebés con este carácter pueden ser agitados más fácilmente. Cuando esto ocurre, ellos retroceden volteando la mirada o alejándose. Los bebés reservados también reaccionan lentamente y con quietud al hambre y otros malestares. Esto hace que los padres tengan dificultad en saber cuándo sus bebés tienen hambre o están incómodos. Los contactos interpersonales tienen mucha importancia en el desarrollo infantil y en el funcionamiento psicológico, escolar y familiar del niño. Desde su relación con sus hermanos en casa y sus primeros contactos con otros niños en la escuela infantil o en la guardería, los niños deben ir construyendo una serie de habilidades sociales, que forman parte de su educación y que, de no establecerse de forma adecuada, pueden limitar en muchos aspectos de su funcionamiento, además de producir un gran sufrimiento emocional.

- <u>¿Qué es la timidez?</u> Esta definición parece acotar el significado de la palabra, no obstante, el problema reside en que hay otros términos que a menudo se mezclan con el primero y pueden crear cierta confusión terminológica (por ejemplo: retraimiento social; dificultad en la relación social; introversión; falta de asertividad; etc....). Todo ello apunta a la existencia antes señalada de diversas expresiones de la timidez.

La timidez no debe entenderse como un rasgo de la personalidad que está o no presente, sino que se sitúa a lo largo de un continuo en el que en un extremo está el sujeto con una timidez leve, incluso adecuada socialmente, y a otro extremo se situarían los que presentan síntomas más severos y que pueden desembocar en una fobia social.

Ocurre con frecuencia que los problemas interiorizados suelen ser menos aparatosos y preocupantes que los que se expresan de manera externa. En el primer caso los sujetos interiorizan el problema y lo manifiestan con temores, miedo, ansiedad o depresión, mientras que los segundos los exteriorizan mediante conductas externas, disruptivas, que afectan a otras personas y, por tanto, generan mayor perturbación e interés por una intervención psicológica.

Hay también una creencia extendida que no se trata de un problema serio, que probablemente el tímido ha nacido así y que estos síntomas mejorarán con la edad. Esto puede ser verdad en algún caso; en la mayoría se habrá perdido un tiempo precioso. También es importante efectuar una distinción entre el niño tímido o retraído del niño triste y deprimido. En el primer caso el niño tiene un funcionamiento "normal" en todas las actividades, salvo en aquellas que implican la exposición a las situaciones temidas.

Por su parte, el niño deprimido presenta un patrón constante en todas las situaciones, caracterizadas por escaso interés y capacidad de disfrutar, así como apatía, irritabilidad, pérdida de energía, sentimientos de inutilidad, etc... Aunque ambos conceptos se solapan, conviene tener claro los límites de cada uno de ellos, sin olvidar que un niño tímido, que sufre en exceso, puede convertirse en un niño deprimido.

- Temperamento difícil o inquieto

Los niños pequeños son normalmente inquietos y excitables. Su vitalidad simplemente forma parte del ser joven. Aunque pueda ser cansado, no es nada de lo qué preocuparse. A veces los niños pequeños pueden ser tan activos y ruidosos que hacen la vida difícil a sus padres y a otros niños. Un niño así puede ser exigente y ruidoso, no hacer lo que se le dice y tener dificultades para estar quieto. Los adultos pueden decir que el niño es hiperactivo, pero el problema con esta palabra es que la gente la usa para describir desde lo que podrían ser alborozos normales de un niño, a conductas peligrosas como el abalanzarse sobre una carretera con tráfico. Puede que el niño sea demasiado activo en lugar de hiperactivo. Casi siempre están ocupados en actividades físicas y se distraen fácilmente. Frecuentemente responden vigorosamente al hambre y a otros malestares. Su llanto es, a menudo, fuerte e intenso. A veces son difíciles de consolar cuando están inquietos y presentan dificultades para consolarse ellos solos.

- Factores que influyen el comportamiento en niños

Si los padres son infelices, están deprimidos o preocupados, tienden a prestar menos atención a sus hijos. Puede que vean que no pueden pasar el tiempo necesario para ayudar a sus hijos a jugar de forma constructiva y cuando lo pueden hacer, se pasan casi todo el tiempo diciéndoles que se callen. Los niños aprenden de esto que deben ser traviesos o ruidosos para conseguir algo de atención de su madre o padre.

Es importante tener reglas sencillas sobre lo que está y no está permitido. Si nunca se dice lo que está permitido o no, los niños pueden aprender a librarse de lo que no les gusta siendo ruidosos o comportándose de forma inadecuada. Puede ayudar a los padres y a los niños el tener unas pocas reglas, pero que sean muy claras. Si ambos padres se involucran, necesitan estar de acuerdo sobre estas reglas y ser consistentes y justos cuando digan "no". Esto ayudará a los niños a saber qué se espera de ellos y aprender autocontrol.

Algunos niños tienen dificultades para aprender cosas que a otros niños les parecen fáciles. Pueden necesitar ayuda especial en la escuela. Puede que parezcan muy pequeños para su edad y que no se puedan concentrar en el trabajo escolar o controlar su conducta tan bien como los otros.

Problemas de audición; un oído taponado es un ejemplo frecuente de un problema de audición. Si un niño tiene un oído taponado puede no oír lo que otras personas le dicen. Tenderán a gritar y querrán subir mucho el volumen de la televisión.

Algunos niños parecen reaccionar a algunos alimentos volviéndose inquietos e irritables. No es tan común como algunas personas piensan, pero a veces puede ser un problema real. Como podemos concluir, el comportamiento social será un proceso de comunicación. La idea es mostrarles lo que generalmente consideramos como un comportamiento social, y cómo interactuamos unos con otros en benéfico común. (Ana Betina y Contini de González 2009).

Teniendo en cuenta los temperamentos, conductas y factores que involucran el desarrollo de un niño, ahora le mostraremos qué es la conducta humana y cómo podemos ir asociando un tema con otro. La conducta es un conjunto de acciones que son realizadas por un ser humano o un animal, que son visibles para cualquier observador. La conducta, acciones y gestos de una persona, revelan más que sus palabras y que sus verdaderos pensamientos, los propósitos y sus ideales. Como dice el refrán "Un gesto dice más que mil palabras" (por Henrik Ibsen). En la siguiente investigación, desarrollaremos varios puntos importantes sobre la conducta humana y los factores que la determinan.

Con este trabajo buscamos conocer de qué se compone una sociedad; los temperamentos y conductas, para así poder comprender más sobre algunos temas importantes sobre la conducta humana. Esperamos que esta información les sirva para que vallan engranando un tema con otro, para que así les permita tener un concepto basado en diferentes ángulos. Pero con el objetivo de entender e identificar el comportamiento humano.

- ## LA CONDUCTA HUMANA

Algunos psicólogos de hoy concuerdan que el objeto propio de las ciencias psicológicas es la conducta humana. Pero, por "Conducta humana" se entienden muchas cosas, además de poder ser enfocada desde muy diversos puntos de vista. Conducta humana es la lucha por la vida del recién nacido prematuro. Artistas, científicos, profesores, políticos, ejercitan la conducta humana cuando aplican sus conocimientos y destrezas a sus tareas correspondientes. Como son las fantasías de un niño, los sueños del adolescente, las alucinaciones del alcohólico. La conducta humana se conoce bien, pero se comprende poco.

Cuando hablamos de conducta, aludimos, primeramente, a las actividades claras y evidentes observables por los demás: su caminar, hablar, gesticular, su actividad cotidiana... a esta conducta se le denomina conducta evidente por ser externamente observable.

- ### Interpretación científica de la conducta
  Para hacernos cargo de cualquier problema humano debemos intentar comprender primero la conducta humana de un modo científico.

- ### ¿Qué significa esto?
  Es entender a "nivel científico" la conducta, es decir, que nos es preciso conocer los principios que la originen.

Estos principios son tres: casualidad, motivación y finalidad.

1. Casualidad: Para este principio, toda conducta es causada, obedece a una causa. Ante una situación dada, nos comportamos de una manera y no de otra. Según este principio, debemos buscar la razón de esta unicidad, del

comportamiento en hechos precedentes y no en el resultado o realización de este.

2. Motivación: toda conducta está motivada por algo. Perseguimos siempre una finalidad en el comportamiento, y por ella cobra sentido la conducta del hombre y puede ser interpretada.

3. Proceso de la conducta humana: Las conductas difieren entre sí porque los sujetos se encuentran en situaciones distintas. Tienen diferencias individuales, persiguen fines diferentes. Es decir, que todo proceso conductual seguirá estos patrones: Un estímulo actuaría sobre el individuo, dando lugar a una conducta que lleva una realización.

• ¿Qué es la conducta?

Entendemos por conducta el acto realizado como reacción ante el estímulo. Este acto incluye el pensamiento, movimientos físicos, expresión oral y facial, respuestas emocionales.

Realización es el resultado de la conducta, e incluye el cambio en la estimulación, la supervivencia, y la evasión... El producto de la interacción estimulo-persona es la Percepción.

La influencia de las condiciones individuales de cada uno sobre el estímulo hace que lo percibamos de manera distinta. Los fines pueden ser infinitos. A los modos constantes y generales de interpretar una situación y reaccionar ante ella se denomina actitud.

El estudio de la conducta humana se caracteriza porque sostiene que la conducta está causada y, por lo tanto, para conocerla hay que analizar los hechos que la preceden. Varía con la naturaleza de la persona y del estímulo que debe hacerse cargo con él, y de la situación en que se da y se debe saber de sus aptitudes, temperamento, carácter, experiencias anteriores, situaciones, diferencias individuales, hábitos, actitudes y fines, son los datos fundamentales que se deben analizar científica y rigurosamente, para entender la conducta humana.

La psicología tiene por objeto conocer científicamente a los seres humanos, y para ello, observa su conducta o comportamiento. Describe las diferentes formas de la conducta, identifica cada una de estas formas y las distingue de las demás, las explica e interpreta y también aplica todo este saber organizado a los asuntos de la vida práctica.

El hombre se expresa a sí mismo mediante actos de conducta. Si pudiéramos saber qué es lo que hace una persona y cómo lo hace, la conoceríamos bastante bien. Las formas de la conducta son cuatro: las actitudes corporales, los gestos, la acción y el lenguaje. La conducta de los seres humanos es una reacción frente a las circunstancias de la vida. Decimos que estas circunstancias constituyen estímulos para nuestras reacciones.

La vida psíquica es activa, porque el hombre reacciona frente a las circunstancias con actitudes corporales, gestos, acciones y lenguaje. En todas estas reacciones hay diversos factores.

1. El pensar: cuando enunciamos con palabras la solución de un problema.
2. El imaginar: cuando el sujeto crea con su acción una obra de arte.
3. El percibir: cuando excita al sujeto a coger el objeto percibido.
4. El recuerdo, La voluntad.
5. Las afecciones: cuando el sujeto es preso de una emoción violenta, y actúa exaltadamente.
6. La personalidad, animada por el carácter y el temperamento, es el factor global de la conducta.

Al lado de estos factores, hay otros que son o tienden a ser de naturaleza puramente mecánica. Son los reflejos, los instintos y los hábitos.

- Los reflejos

Los reflejos constituyen reacciones mecánicas y constantes de músculos y glándulas frente a estímulos físicos (luz, golpe, contacto,), químicos (el olor de los alimentos...), y aun psíquicos (una emoción violenta desencadena reacciones instantáneas de las glándulas surreales).

En los reflejos, los estímulos se convierten inmediatamente en reacciones orgánicas. Son ejemplos de reflejos: la reacción de la rótula cuando responde al estímulo físico de un ligero golpe, la reacción de los dedos del pie cuando se estiran al estímulo de un roce en la planta de nuestra extremidad inferior, la reacción de la pupila que se agranda o empequeñece según la cantidad de luz que penetra en ella; la reacción de las glándulas salivares, que segregan automáticamente mayor cantidad de saliva frente al estímulo representado por el olor de viandas sabrosas; la reacción instantánea de las glándulas sudoríparas, al estímulo de una emoción de temor o de ira.

Todas estas son reacciones mecánicas: se producen sin la intervención del yo.

La función de los reflejos es la de contribuir a adaptar mecánicamente el organismo a su ambiente. Si analizamos la teoría de (Iván Petrovish Pávlov 1936), lo que él llamaba el reflejo condicionado, exponía que esos reflejos estaban relacionados con actividades normales que surgían mediante estimulo natural, asociado con alguna acción. "Lo que conocemos como causa y efecto".

- Los instintos

Los animales son muy ricos en conducta instintiva. Los seres humanos, en cambio, ostentan instintos muy pobres. La conducta llamada instintiva se ha debilitado considerablemente en el hombre. Lo que el hombre tiene de común con los animales, son las necesidades instintivas, es decir, impulsos a cumplir ciertos actos con los cuales está ligada la conservación de la vida.

Podemos definir los instintos como las reacciones impulsivas destinadas a satisfacer necesidades biológicas fundamentales.

Los instintos fundamentales del hombre son los siguientes:

- Los instintos de conservación: impulsan al hombre a satisfacer su necesidad de alimentarse, de protegerse contra el frio y el calor excesivo, etc..., lo impulsan a huir automáticamente, ciegamente ante los peligros, a la lucha cuando ella es inevitable para conservar la vida, etc.
- Los instintos de reproducción: impulsan al hombre a perpetuar la especie humana.
- Los instintos gregarios: impulsan al hombre a buscar la sociedad con otros seres humanos.

El impulso instintivo es innato en el hombre, pero la ejecución de la conducta instintiva, destinada a satisfacer necesidades biológicas elementales, depende del ambiente social y de la personalidad del sujeto.

Los hábitos

Una vez que el organismo ha adquirido una habilidad motora (como caminar), ocurre que esa habilidad repte innumerables veces en actos de conducta. El hábito es una reacción adquirida (no innata) y relativamente invariable. La función del hábito es la de disminuir el esfuerzo de la voluntad (al caminar, no nos proponemos deliberadamente adelantar un pie luego el otro), el esfuerzo de la atención (no necesitamos poner atención ni ser conscientes de los movimientos que efectuamos al caminar) y del pensar (tampoco pensamos en lo que vamos haciendo al caminar).

El hábito tiene de común con los reflejos y los instintos que él también tiende a mecanizar la conducta. Las bases de la conducta humana son fisiológicas y psicológicas: porque el hombre es un compuesto de cuerpo y alma. El cuerpo constituye el soma y el alma la psique. Por eso decimos que el hombre es una realidad someto-síquica. Las funciones propias del cuerpo las estudia la fisiología, y las funciones propias del alma las estudia la psicología. Sería un burdo error materialista el pretender que la conducta humana solo depende de los fenómenos fisiológicos. Pues siendo el hombre una realidad someto-síquica, la conducta de este depende de factores psicológicos y de factores fisiológicos.

La realización misma de la vida de cada sujeto, no la vida biológica simple, sino la vida que realiza como miembro de un grupo social, constituye la expresión de su personalidad, hecho que se conoce con el nombre de conducta.

La conducta es la expresión de todas las características personales; es la manera como cada uno realiza su propia cualidad, cómo se manifiesta lo que es. Todo lo que la personalidad tiene de íntimo, la conducta lo tiene de externo: es la misma personalidad, pero manifiesta; es la manera de ser, mostrada al exterior. Consecuentemente, al considerar la personalidad y la conducta como hechos correlativos (pues cada manera de ser corresponde una manera de manifestarse, o más claramente, todo ser se manifiesta), la cuestión de cómo investigar la personalidad como peculiaridad de cada uno de los sujetos, se resuelve al considerar que, siendo la conducta la proyección de la personalidad, el estudio de aquella es el camino para el conocimiento de esta. Así, por ejemplo, el estudio de las manifestaciones de la inteligencia nos permite apreciarla en su cantidad; el conocimiento de las actitudes de los sujetos nos lleva a descubrir sus intereses, etc. El estudio de la personalidad se hace a través del estudio de la conducta.

Claro está que, al hablar de un estudio de la personalidad a través de la conducta, nos referimos al aspecto psicológico de la personalidad, pues, aunque esta está constituida no tan solo por elementos psíquicos, sino también somáticos y funcionales, estos últimos constituyen una realidad concreta que se puede apreciar directamente, como el peso, la estatura, el rigor, las agudezas sensoriales, etc. El estudio de la conducta nos proporciona, pues, el conocimiento de algunos rasgos psicológicos de la personalidad.

La motivación de la conducta

En términos generales, tanto los animales como los seres humanos entran en actividades movidas por algún resorte. La vida es un proceso de interacción constante entre el ser y el medio en que vive. Toda conducta está, pues, determinada por dos clases de factores: externos unos, como los estímulos o situaciones externas, e internos otros, como la condición en que se encuentran los órganos y tejidos del ser vivo en un momento dado. (Jon Elster 2010).

Otros resortes de la conducta humana

Estudiar los resortes de la conducta animal es bastante fácil, y se ha hecho en los laboratorios de psicología con notables resultados. Pero la conducta humana es enormemente más complicada que la conducta animal. Además de los imperativos fisiológicos, y por sobre ellos, el hombre es también movido por incentivos morales y sociales. Así, por ejemplo, el deseo de obtener la admiración y el respeto de sus conciudadanos, la ambición de conquistar fama y gloria, los sentimientos de honor, de justicia, etc., actúan a menudo como potentes resortes de la acción humana.

Los seres humanos se ven colocados frecuentemente en situaciones muy complejas, en que intervienen muchos de esos resortes de la acción, a veces incompatibles entre sí, por lo que son situaciones de conflicto.

Entre los factores que intervienen en la conducta humana, aparecen dos básicos, que son:

- Los Factores Biológicos por (Charles Darwin)
- Los factores ambientales y de socialización (Willy Hellpach)

Entre todas las posibilidades genéticas de dos, cada ser humano que nace tiene su propia combinación de genes, los cuales influyen en el desarrollo biológico y determinan en parte la conducta. A ese elemento lo llamamos genotipo.

Sobre esta estructura genética actúan otros factores, como son los externos (alimentación, medicinas ingeridas durante el embarazo, estados emocionales durante este periodo, cómo aconteció el parto, etc.). A la unión de estos factores se les denomina fenotipo.

Factores Ambientales y de Socialización:

El medio ambiente es todo lo que nos rodea y todos los elementos ambientales son necesarios para el desarrollo físico e intelectual normal. La socialización se refiere a los modelos de conducta que adoptamos en los grupos, como son: la familia, la escuela, los amigos, etc. La conducta humana viene dada por reacciones adaptativas a los estímulos ambientales. La psicología estudia la conducta del hombre a partir de la observación de su comportamiento y de sus condiciones.

En la conducta humana existen factores influyentes, como son los factores biológicos y los factores ambientales o de socialización, estos últimos refiriéndose a la influencia de la familia, los amigos y la sociedad en el comportamiento de todo individuo. (Carlos Cueto Fernandini,2001).

Si analizamos la teoría ecológica de (Bronfenbrenner 1979), el cual realiza una descripción más acertada sobre la influencia que tiene el ambiente y su entorno sobre el desarrollo del individuo y las influencias que pudiera conllevar sobre su conducta en la adultez. Pudiéramos entender, en cierto modo, sobre la influencia que tiene el ambiente en el desarrollo del niño. "En arroz y habichuela", si un niño se cría en un entorno o ambiente de extrema violencia, posiblemente esto sea de gran influencia e impacto en su desarrollo.

Ahora entraremos para que puedan tener presente lo que se describe como conducta criminal, o acciones asociadas a este comportamiento, para que ustedes puedan conocer y diferenciar entre una conducta y la otra.

Concepto de conducta criminal

Es una conducta antisocial que abarca un amplio rango de actos y actividades que infringen reglas y expectativas sociales, muchas de ellas reflejan acciones contra el entorno, personas y propiedades.

- Víctima: es la persona que sufre un daño por acción u omisión propia o ajena, mientras la conducta desviada es aquel comportamiento de uno de los miembros de una sociedad, que se aleja de los estándares habituales de conducta. Aunque debe distinguirse entre diferentes conductas desviadas
- La delincuencia común es denominada para aquellos grupos de personas que hacen actuaciones ilegales sin tener una organización establecida.

Son los que efectúan robos a vehículos, a casas, asaltos; los robos los hacen para obtener beneficios para ellos, y se sabe que estos ladrones no tienen estructura organizadas como la mafia. La delincuencia común es cotidiana en todas las ciudades del mundo, son rateros o "pillos", asaltantes, violadores, incluso asesinos que actúan para satisfacer sus propios intereses de acuerdo con la oportunidad que tienen.

Los delincuentes comunes o delincuencia "simple", pueden actuar solos o en pandillas, pero su fin no es más que delinquir con la finalidad de obtener dinero. Convirtiéndose esto en un gran problema en la sociedad. Este tipo de grupos, pandillas o gangas, que es un anglicismo que proviene de "gangs", que se alimentan de miembros que en su mayoría provienen de hogares disfuncionales y que les ofrecen un concepto de familia.

La Delincuencia Organizada

Es un grupo social con una cierta estructura y con miembros que se organizan para cometer acciones delictivas. A diferencia del delincuente que actúa en solitario, los individuos que forman parte de una banda o grupos de delincuencia organizada deben responder a la estructura y cumplir con una determinada función. (José Manuel Villalpando,2001).

En base a estas definiciones sencillas sobre las conductas criminales, les quiero mostrar un análisis de los perfiles de un delincuente para que puedan asociar una conducta de la otra, y sobre todo, qué importancia tiene el perfil entre ellas.

Perfil delincuente

La Psicología trata de averiguar y de conocer qué es lo que induce a un sujeto a delinquir, qué significado tiene esa conducta para él, por qué la idea de castigo no lo atemoriza y le hace desistir de a su conducta criminal. La tarea de la psicología consiste en aclarar su significado en una perspectiva histórica-genética. (ojo, no pierdan de perspectiva las teorías antes mencionadas).

En un análisis completo del delincuente se requiere conjugar todo lo discutido y planteado de diferentes teorías, o sea que es un trabajo que debemos de tener en cuenta, no solo la exposición o del desarrollo de los individuos, como, por ejemplo:

- Familia
- Cultura con sus diferentes aspectos
- Educación y enseñanza
- Organización social
- Estructuras políticas
- Su religión y de su arte

De dónde proviene una conducta agresiva, podemos asociar que es la expresión de la psicopatología particular del delincuente, de su alteración psicológica; esto lo podemos observar en la agresividad ejercida cuando comete algún delito. Siendo esto una conducta que transgrede las normas de la sociedad a la que ese individuo pertenece.

Pudiera ser que, a nivel psicológico, todas estas conductas se hallan establecidas, es decir, que existe una complejidad, que deriva de distintos contextos o múltiples relaciones. Sin embargo, podemos afirmar que la conducta delictiva está motivada especialmente por las innumerables frustraciones a sus necesidades internas y externas, vividas en el desarrollo del individuo, tales como la carencia real de afecto por sus padres o familiares.

El delincuente demuestra a través del delito sus conflictos psicológicos, ya que esa conducta implica siempre conflicto o ambivalencia. La conducta delictiva posee una motivación como, por ejemplo, el adquirir un bien ajeno o el de posiblemente resolver o liberar tensiones producidas en su desarrollo. La conducta está siempre sujeta a una respuesta al estímulo configurado o añadido por la situación total, como defensa, en el sentido de que protege al organismo de la desorganización; es esencialmente reguladora de tensiones.

El delincuente pudiera ser un individuo enfermo o con frustraciones y traumas en su desarrollo. El decir que el delincuente es un individuo enfermo, bastaría con observar cómo considera nuestra sociedad al individuo que comete delito, para poder darnos cuenta cuán lejos se está de este planteamiento. La sociedad actúa de una manera retardativa sobre la conducta delictiva, y esta actitud no solo es constitutiva a través del sistema de justicia, sino también en los aspectos referentes a las penas o castigos en sus fases o producción legislativa.

El hombre no roba o mata porque nació ladrón o criminal, el delincuente, al igual que una persona con problema de salud mental, realiza sus conductas como una proyección de su enfermedad o frustración. Mientras que el individuo normal consigue reprimir las tendencias criminales de sus impulsos y dirigirlas en un sentido racional, aquí es donde el criminal fracasa en esta transformación. Es decir, que cuando los impulsos antisociales se presentan en la fantasía del individuo normal, este los puede canalizar racionalmente, sin embargo, el delincuente los realiza activamente sin raciocinio.

Psicología del delincuente

Es la ciencia que estudia los fenómenos delictivos y al delincuente; según los conocimientos de la medicina, la psicología, la psicología social, la sociología, las estadísticas, las experiencias y la tecnología. Todo crimen puede ser una reacción descontrolada consciente, inconsciente o simbólica frente a un estímulo, y casi siempre tiene una motivación. Por alguna razón, una persona ante determinadas circunstancias pierde el control y comete un delito. Lo veremos posteriormente en las entrevistas y lo denominamos como el "switch" o "interruptor". Como parte de unas de las interrogantes que surgen al comienzo de esta investigación y que posteriormente se les preguntará a los entrevistados.

El ser humano es la única especie que puede controlar sus impulsos, característica que lo distingue del resto de los animales, sin embargo, ese mecanismo inhibidor en algún momento no funciona, provocando una descarga impulsiva que no llega a pasar por la corteza cerebral, e impide la oportunidad de reflexionar.

Desde el punto de vista psicológico, un criminal es una persona con algún tipo de trastorno mental. En la gran mayoría de los casos, se trata de personas que han sufrido experiencias traumáticas de abandono o abuso en la niñez, que han alterado su desarrollo y su proceso de pensamiento y conducta. Y sobre todo, la influencia con desarrollarse en un ambiente con valores opuestos a las normas que rigen en la sociedad en que viven.

Una mente criminal puede razonar coherentemente, como por ejemplo los psicópatas, pero con un razonamiento que parte de premisas falsas. Ellos ven el mundo diferente de la mayoría, y no pueden aceptar las reglas de convivencia y las normas establecidas en la sociedad, prefiriendo respetar solo sus propios códigos.

El diagnóstico de un psicópata es difícil, porque suelen ser muy inteligentes, y con una capacidad de razonamiento bien compleja, pero se ponen de manifiesto cuando se descubre su idea delirante. Las investigaciones realizadas con personas con reacciones antisociales revelan distintas formas de comportamiento según los trastornos de la personalidad. Este tipo de conductas anormales se presentan ya sea como impulsiones automáticas inconscientes, como excesos, o como obsesiones.

La Psicología criminal se está constituyendo como el instrumento más eficaz de la antropología criminal, ya que se encarga de estudiar la psique del hombre delincuente, determinando los desarrollos o procesos de índole psicológica verificados en su mente.

Cabe señalar que, en la actualidad, la Psicología criminal o forense ha rebasado en mucho él límite de la observación individual del sujeto antisocial, extendiéndose hacia estudios de la conducta criminal y de los factores psicológicos que influyen en la criminalidad, sean estos individuales o colectivos. (Ricarte Tapia Viton 2014).

CARACTERÍSTICAS BIOLÓGICAS O CONGÉNITAS

Un enfoque que considere las conductas antisociales como comportamiento con evidente base evolucionista, y una visión antropológica que considere que la sociedad ha reaccionado contra las conductas que la amenazan y subvierten, favoreciendo las actitudes altruistas y castigando las tácticas desintegradoras, necesariamente conducirá a admitir que el crimen tiene, primordialmente, una base genética.

Si analizamos la teoría genética de (Jean Piaget), donde se establece acerca de la transmisión hereditaria, en la cual se sigue la herencia de diversos rasgos, caracteres o características conocidos como los fenotipos trasmitidos de generación en generación de individuos.

Según el criminólogo y psiquiatra (Adrián Raine,2005), profesor de la universidad de Pennsylvania, resume en los siguientes puntos las consideraciones que enturbian el análisis de la influencia de la genética de la conducta Antisocial.

- ¿Un gen es responsable de la conducta criminal?

Los genes codifican proteínas y enzimas, e influencian los procesos fisiológicos cerebrales que podrían predisponer biológicamente para determinar conductas criminales.

- ¿La influencia de la herencia entraña que todos los crímenes son genéticamente determinados?

La conducta criminal es el producto de los genes y del ambiente. Por otro lado, los genetistas de la conducta no tienen una posición radical; ellos no excluyen la importancia del ambiente, aunque obviamente privilegian las bases biológicas de la violencia.

- ¿La investigación genética puede explicar por qué algunos individuos específicos comenten crímenes?

Una heredabilidad del 50% para el crimen, no puede extrapolarse para inferir la conducta antisocial de un individuo en particular.

- ¿Si el crimen es genéticamente determinado, entonces es irremediable?

Obviamente, no hay un destino ineluctable. Admitimos que se trata de una predisposición constitucional influenciable por los parámetros sociales.

- ¿Son los estudios genéticos más orientados hacia la herencia que hacia el entorno?

En rigor, los estudios en gemelos y en adopción, si bien están presididos por la genética, informan al mismo tiempo, que esta no explica todo.

- ¿Los factores genéticos que subyacen en el crimen no pueden invocarse en un proceso legal?

No puede heredarse algo que es un constructo social y legal, y cuya definición está abierta a debate; sin embargo, esto valdría para muchas enfermedades mentales.

- ¿Las bases genéticas excluirán a los cuentistas sociales?

Obviamente nunca sucederá esto. Hay razones incontrovertibles para sostener que los factores socioculturales son clave en el desarrollo del crimen, y todo señala que la genética actuará en un vacío, si no considera el medio ambiente.

CARACTERÍSTICAS PSICOLÓGICAS

Ofensores que padecen patologías mentales, acompañadas o no de físicas. La personalidad del delincuente puede variar desde una persona psicótica (que padece una enfermedad mental), hasta una que presente desórdenes hormonales a nivel cerebral. Por tanto, los especialistas se enfrentan a individuos con grandes desórdenes psicológicos.

CARACTERÍSTICAS SOCIALES

Se incluyen factores como la raza, familia y cultura en la medida en que incidan en la comisión de hechos delictivos. En términos generales, los resultados muestran que los siguientes factores explican la probabilidad de que una persona tenga un historial de reincidencia delictiva. Como, por ejemplo:

- Nivel educativo Los reclusos con poca escolaridad tienen más probabilidad de ser reincidentes criminales.
- Desempleo Las personas que no tienen empleo tienen más probabilidades de ser reincidentes criminales.
- Pandillero La pertenencia en las pandillas o gangas es un factor que aumenta la probabilidad de vivir en el circuito del crimen.
- Vivir en una comunidad con alto desempleo o desigualdad social Las personas que viven en comunidades con mucho desempleo, tienen menos probabilidades de sufrir por la violencia criminal de cualquier tipo.
- Vivir en una comunidad con mucha presencia policial En la medida en que hay más presencia policial en una comunidad, en esa medida sus miembros tienen menos probabilidades de sufrir por la violencia criminal, pero en cierto modo

pudieran desarrollar más empatía u odio a la presencia de la uniformada.

- <u>Vivir en una comunidad con desigualdad económica</u> Esta condición disminuye la probabilidad de ser víctima de un delito con motivaciones económicas, pero aumenta la probabilidad de sufrir un hecho de violencia de cualquier tipo.

CAUSAS

En la conducta delictiva influyen tanto los elementos biológicos, como el desarrollo social. También tienen mucho peso:

- La educación recibida, el estatus económico de la persona y su entorno
- La percepción de riesgo
- La alta impulsividad y distorsión de la realidad
- La necesidad de emociones
- La inadaptación al medio
- La agresividad
- La falta de habilidades sociales

Si observamos estas circunstancias, nos daremos cuenta de que el factor ambiental es importante en el desarrollo del individuo. Es sumamente trascendental y determinante en su conducta, que pudiera ser expresada en la adolescencia y la adultez. No necesariamente los factores antes mencionados son determinantes para que alguien se convierta en un delincuente. Pero muchos estudios determinan que el delincuente no nace, sino que se hace. (Recuerdan haber escuchado esta frase antes).

Uno de los problemas que surgen, en teoría, es cuando se pretende formular las tipologías de diagnóstico y tratamiento, estableciendo necesariamente diversos tipos de delincuentes. La elaboración de tipologías, así como los postulados que se fundan en tales clasificaciones, son verdaderamente tomados de una etiología, los cuales tienen un carácter exploratorio y que simplemente tienen una formulación de teorías sobre las causas del crimen y la delincuencia.

Las normas que se siguen para la clasificación de los transgresores, según la ley, se establecen en función de la tipología del delincuente o criminal, el color de cabello, su raza, su edad, existencia de reincidencia urbana o rural. Lo ideal sería que la elección del delincuente fuera acertada a un cuadro clasificatorio, los cuales exhiban los esquemas de este; sin embargo, esta muestra se distingue, ya que ninguno de los hechos delictivos nos permite establecer una clasificación segura.

CONSECUENCIAS

No existe una única razón para explicar la delincuencia, más bien se trata de una espiral de donde emergen múltiples factores entrelazados:

1. El empeoramiento de las condiciones sociales de vida produce un aumento de los delitos, como consecuencia de la inseguridad económica y la falta de recursos, dándose respuestas agresivas.
2. La delincuencia es una consecuencia de una sociedad mundial, donde se prima el "tener" antes que el "ser", donde se es más cuando se tiene más. Es la consecuencia del mito del bienestar.
3. La sociedad se defiende del delito creando mecanismos de miedo que generan nueva delincuencia: miedo a la calle, miedo a la vida, miedo al futuro...
4. La sociedad se defiende creando una imagen deteriorada del delincuente, presentándolo como un monstruo más que como una persona humana.

5. La sociedad se defiende creando mecanismos de castigo. Las cárceles no funcionan, siendo generadoras de delitos. Son los porcentajes de reincidencia los que ponen en cuestión la capacidad regeneradora de las prisiones.

La delincuencia, o se reprime o se previene. Nosotros creemos que solamente a través de la prevención es posible ir disminuyendo el alarmante aumento de nuevos delincuentes. Estamos absolutamente en contra del delito, pero queremos intentar (Adrián Raine,2005).

Ahora le mostraré las definiciones de algunos artículos, que están expresados y constituidos como delitos de mayor intensidad hacia el ser humano. Describiremos la tipificación de estos, y específicamente del código penal de Puerto Rico. Posiblemente encontrarán alguna similitud en todos los países, incluyendo a los Estados Unidos. Ya que la conceptuación de los delitos ya venía establecida desde la teología, del antiguo testamento, donde eran expresados por los mandamientos dados a Moisés en el monte Sinaí.

Definición de delito

Es definido como una conducta, acción u omisión típica (descrita por la ley), antijurídica (contraria a Derecho) y culpable a la que corresponde una sanción denominada pena. Con condiciones objetivas de punibilidad. Supone una conducta infraccionar del Derecho Penal, es decir, una acción u omisión tipificada y penada por la ley.

Algunos de los más graves tipificados en Puerto Rico:

Artículo 92.- Asesinato.

Asesinato es dar muerte a un ser humano con intención de causársela.

Artículo 93.- Grados de asesinato.

Constituye asesinato en primer grado:

a. Toda muerte perpetrada por medio de veneno, acecho o tortura, o con premeditación.

b. Toda muerte que ocurra al perpetrarse o intentarse algún delito de incendio agravado, agresión sexual, robo, escalamiento agravado, secuestro, secuestro de un menor, estrago (modalidad intencional), envenenamiento de aguas de uso público (modalidad intencional), agresión grave, fuga, maltrato intencional, abandono de un menor; maltrato, maltrato agravado, maltrato mediante restricción de la libertad, o agresión sexual conyugal, según contemplados en la Ley Núm. 54 de 15 de agosto de 1989, según enmendada, conocida como la "Ley para la Protección e Intervención de la Violencia Doméstica".

c. Toda muerte de un funcionario del orden público o guardia de seguridad privado, fiscal, procurador de menores, procurador de asuntos de familia, juez u oficial de custodia que se encuentre en el cumplimiento de su deber, causada al consumar, intentar o encubrir un delito grave.

d. Toda muerte causada al disparar un arma de fuego desde un vehículo de motor, o en un lugar público o abierto al público, ya sea a un punto determinado o indeterminado, con claro menosprecio de la seguridad pública.

e. Toda muerte en la cual la víctima es una mujer y al cometerse el delito concurre alguna de las siguientes circunstancias:

- Que haya intentado establecer o restablecer una relación de pareja o de intimidad con la víctima.
- Que mantenga o haya mantenido con la víctima relaciones familiares, conyugales, de convivencia, de intimidad o noviazgo.

- Que sea el resultado de la reiterada violencia en contra de la víctima.
- Toda otra muerte intencional de un ser humano constituye asesinato en segundo grado.

Artículo 94.- Pena de los asesinatos.

A la persona convicta de asesinato en primer grado se le impondrá pena de reclusión por un término fijo de noventa y nueve (99) años. En tal caso, la persona podrá ser considerada para libertad bajo palabra por la Junta de Libertad bajo Palabra al cumplir treinta y cinco (35) años naturales de su sentencia, o veinte (20) años naturales, si se trata de un menor de edad procesado y sentenciado como adulto. A toda persona convicta de asesinato en segundo grado se le impondrá pena de reclusión por un término fijo de cincuenta (50) años.

Artículo 95.- Homicidio.

Toda muerte intencional causada como resultado de súbita pendencia o arrebato de cólera, será sancionada con pena de reclusión por un término fijo de quince (15) años.

Artículo 96.- Homicidio negligente.

Toda persona que ocasione la muerte a otra por negligencia incurrirá en delito menos grave, pero se le impondrá pena de reclusión por un término fijo de tres (3) años. Cuando la muerte se ocasione al conducir un vehículo de motor con claro menosprecio de la seguridad de los demás, incurrirá en delito grave y se le impondrá pena de reclusión por un término fijo de ocho (8) años. Cuando la muerte se ocasione al conducir un vehículo de motor bajo los efectos de sustancias controladas o bebidas embriagantes, según dispone y define en la Ley 22-2000, según enmendada, conocida como "Ley de Vehículos y Tránsito", incurrirá en delito grave y se le impondrá pena de reclusión por un término fijo de quince (15) años DELITO POR OMISIÓN (Código Penal de Puerto Rico 2012).

Luego de haberles mostrado los artículos desde el 92 al 96 del código penal de Puerto Rico, solo para conocimiento general para que pudieran tener claro cómo específicamente está plasmado e interpretado por las leyes de Puerto Rico y la tipificación de estos delitos. El código establece más delitos de los que presenté, pero les menciono esto solo para que observen y tengan un ejemplo del conjunto de contenido en cada artículo.

Ahora les mostraé unas interpretaciones o definiciones sobre unos conceptos que se involucran en la comisión de un delito. Para que así tengan otra herramienta y otro punto de análisis para su opinión.

Crimen

Es la acción voluntaria o involuntaria de cometer, realizar, planificar, premeditar un hecho con la intensión y alevosía de ocasionar daño alguna persona, propiedad mueble o inmueble. La persona que lleva a cabo este tipo de acción se conoce como criminal. Por ejemplo: El perpetrador de la masacre de Virginia Tech.

Delincuente

Un delincuente es un individuo que repetidamente comete actos ilícitos y no cumple con las leyes o normas establecidas por la sociedad. También conocido como un antisocial en algún aspecto psicológico. Este término se suele utilizar cuando tales actos son de menor gravedad.

Control Social

Es el conjunto de prácticas, actitudes y valores destinados a mantener el orden establecido en las sociedades. Aunque a veces el control social se realiza por medios coactivos o violentos, el control social también incluye formas no específicamente coactivas, como los prejuicios, los valores y las creencias.

El ser humano como unidad biopsicosocial

Primero tenemos que entender de cómo se compone la palabra "biopsicosocial" por ejemplo: el prefijo "Bio" apunta al concepto de la vida, el "psico" esta conceptuado a la psicología y el "social" está vinculado a la sociedad. Por lo tanto, el funcionamiento de biopsicosocial es donde existe una interconexión biológica, psicológica, y los factores socioambientales, donde se crea una identidad del individuo que va desde los genes, la salud y su entorno o desarrollo.

Les menciono esto para que se tenga presente la importancia que tiene en el desarrollo del niño. Donde pudiera influenciar algún tipo de conducta desviada, que son reflejadas en la adolescencia o la adultez del individuo.

Luego de haber presentado estos conceptos, para que así se pueda obtener una mejor perspectiva para su análisis, hablaremos de una de las frases con más interrogantes que hemos escuchado durante el transcurso de esta investigación. Es si el delincuente, **"Nace o se Hace"**

Muchos estudios subrayan la influencia que tiene la genética en la personalidad del delincuente, mientras otros defienden el componente y la atribución social como el detonador del delito. Pueden existir o estar vinculados algunos factores, donde pudieran dar pie que hechos como este se concreten como, por ejemplo:

- El exceso de violencia en la cinematografía, en películas televisadas e incluso en medios de comunicación que pueden contribuir a que la violencia se perciba como algo normal, en donde se refleja y se define como un drama de acción el cometer crímenes y asesinatos.

- Sin perder de perspectiva la existencia de otros tipos de delitos que pudieran influenciar o contribuir a un desarrollo desviado, donde pudiera desembocar en frustración y baja tolerancia emocional de la persona que lo sufre o ha sufrido como, por ejemplo, el abuso y maltrato infantil. Y los eventos traumáticos, como la injusticia social, mala economía, falta de recursos, problemas de exclusión social.

La causa genética, como se mencionó anteriormente, puede tener una influencia en la personalidad del delincuente, donde pudieran estar asociados a eventos o episodios psicóticos o de alguna enfermedad mental. Hasta una que presente desórdenes hormonales a nivel cerebral. También se ha mencionado que existe la posibilidad de que el individuo en un momento dado en su desarrollo pudo haber tenido un incidente con traumas en el lóbulo frontal cerebral, donde ciertamente controla sus emociones, y sobre todo la conducta e ira, la apatía, la falta de emoción, interés y preocupación. (Neuroscience, subjective liability and criminal violence, María Guadalupe Gómez, Mont Urueta, junio 2016).

No necesariamente, los factores antes mencionados son determinantes para que alguien se convierta en un delincuente. Muchos estudios determinan que el delincuente no nace, sino que se hace. Otros estudios definen como factores determinantes el entorno social, el desarrollo del individuo y la configuración de un triángulo delictivo formado por el delincuente, la víctima y la oportunidad de que se cometa el delito.

Mencionare nuevas 'Emociones Compuestas' Identificadas por científicos, donde identifican estas 'nuevas' emociones que podrían ayudar a la evaluación de trastornos psiquiátricos en el futuro. Hasta hace poco, los científicos solo habían identificado seis emociones humanas: alegría, tristeza, temor, enojo, sorpresa y disgusto.

Estas "categorías de emociones", como les gusta decirles a los científicos cognitivos, se definen por los músculos faciales que utilizamos para expresar cada emoción. "El problema con eso es que no podemos entender completamente nuestro sistema cognitivo... si no estudiamos todo el espectro de emociones que nuestro cerebro puede producir.

En un estudio publicado por la revista PNAS (Actas de la Academia Nacional de Ciencias), Profe. Martínez y sus colegas identificaron otras "emociones compuestas" adicionales, que están vinculadas con las emociones básicas, como si se hiciera una combinación de colores para crear otro color. Estas emociones nuevas identificadas son identificables entre sí, como por ejemplo: no es igual el estar felizmente sorprendido, a estar temerosamente sorprendido, felizmente disgustado o bien disgustados.

En el pasado, cuando los científicos intentaban analizar las anotaciones del cerebro con solo seis emociones identificadas, se creaba una pared. Con veintiún emociones identificadas por este estudio, podrían tener mejor suerte al descifrar cómo funciona. Las emociones recién identificadas podrían impactar futuras investigaciones en trastornos psiquiátricos, como esquizofrenia o trastorno por estrés postraumático, dicen los autores del estudio, así como investigación en trastornos del desarrollo como el autismo. (Prof. Alex Martínez, un Universidad Estatal de Ohio, abril 2014).

Ciertamente, pudiéramos pensar, que muchas de estas emociones que se presentan en este estudio las hemos estados asociado o escuchado antes, pero probablemente no le habíamos dado importancia. Les menciono esto, porque la idea de este libro es tratar de que ustedes tengan su propia opinión. Solo les puse un ejemplo de las veintiún emociones identificadas por la universidad. Ustedes deben darse a la tarea de conseguirlas para que les ayude a tener una conclusión de lo presentado.

A continuación, les presento algunas entrevistas que se realizaron a profesionales que han estado involucrados con la conducta humana. Basados en su experiencia, nos pueden brindar alguna información adicional que nos permita comprender muchas de estas interrogantes. Para que así nos facilite la comprensión sobre las acciones, conductas y comportamiento de los seres humanos, e inclusive se entrevistó a un Padre de la Parroquia La Milagrosas del Carmen. Buscamos respuesta en el ámbito espiritual.

La dinámica de estas entrevistas surgió de la siguiente manera.

- Se le realizaron las mismas preguntas a todos los entrevistados. Para, de este modo poder escuchar su respuesta, comentarios y opiniones basado en su experiencia y conocimiento de las interrogantes.
- Las preguntas no fueron entregadas con anterioridad, porque solo deseábamos respuestas espontaneas y simples, para que fuese más factible la compresión.

Les mostraremos exactamente cómo fueron contestadas las preguntas, para así garantizar la pureza de la entrevista. Le voy a mencionar la pregunta del "investigador", y posterior a eso la respuesta comenzada por su título, según su profesión. Al finalizar podrán ver la biografía del profesional que fue entrevistado.

Comenzaremos con las entrevistas:

Doctor en psicología clínica el Dr. Alfred Di Hurgue.

Investigador: Doctor, pues, como le estaba explicando, esto es un trabajo investigativo sobre la conducta de la sociedad...

Doctor: ... ok...

Investigador: ... la primera pregunta: ¿Qué opina cuando usted cuando ve a un niño maltratando o matando a un animal indefenso, y mientras lo están haciendo lo graban y suben a las redes sociales como acto de diversión?

Doctor: Bueno, nunca he visto eso, pero, no creo que sea muy responsable hacerlo, y al niño que uno vea que tiene, en la vida real, no en el video. Si uno conoce a algún niño que ha visto que tiene la tendencia de maltratar a los animales, eso es un indicio de que ese niño puede crecer como un abusador o hasta cometer crimen y asesinato, porque no aprendió a tenerle valor a la vida humana. Así que, eso es algo que se debe tener mucho cuidado, dirigir a los niños hacia el aprecio de sus semejantes, aunque sean animales, pues, son hijos de Dios y tienen vida. Es una responsabilidad de nosotros los adultos.

Investigador: Entonces, ¿qué opina usted de que, si la sensibilidad de los seres humanos? ¿Nace uno con ello o esa sensibilidad uno la adquiere o la aprende, es por conducta aprendida?

Doctor: Yo creo que las cosas que nosotros heredamos, y sí heredamos muchas, que vienen en el paquete, en el DNA, están latentes en las personas y surgen o se desarrollan de acuerdo con el ambiente. Si el ambiente los nutre en cuanto a que sean compasivos, a que sean sociables o a que sean de otra forma negativa, también, pues, eso se puede heredar, entonces, pues, se le desarrolla esa tendencia y según sus propias experiencias puede que al hacer equis conducta, reciba una gratificación, puede que sea una conducta buena, ayuda a otra persona y se siente bien y eso, entonces, ya es una recompensa que lo hace repetir esa acción. Si es una acción, pues, negativa o dañina y por alguna razón sale bien, no lo cogen, no lo regañan o a lo mejor se lo aplauden como el ejemplo anterior del video, pues, entonces, lo va a volver hacer, y se desarrolla, ya, porque son tres cosas, lo que tú heredas, lo que te viene del ambiente y lo que tú vas adquiriendo por experiencia propia.

Investigador: Entonces, le pregunto, en esa misma línea, ¿la avaricia y el odio, también es, la misma opinión, el mismo concepto?

Doctor: Sí, es lo mismo, sí. Eso viene de un hogar donde eso es lo que impera, pues, no solo lo tiene en el DNA sino de lo que están viendo, y lo estás viendo actuado, por personas a las que tú le tienes aprecio, admiración y tiendes a imitar, sí.

Investigador: Sí, que viene siendo, porque muchas de las consecuencias y muchas de las cosas de las acciones que ocurren ese sentimiento está implicado, la avaricia y eso.

Doctor: ¡Sí, exacto!

Investigador: Entonces, le pregunto doctor: ¿Usted cree que todos los seres humanos tienen un criminal por dentro, y que en un momento dado se activa como un switch, y se detona y la gente puede pensar o puede actuar o puede cometer algún delito criminal?

Doctor: Sí... este... pues, no tanto llagando a que sea criminal, eso, pues, conlleva, tiene muchas connotaciones, en cuanto a la cuestión de las leyes y los sistemas policíacos y eso, pero, yo sí, entiendo, que todos somos, en potencia, ángeles o demonios; que eso se puede despertar de acuerdo con la situación que se presenta en la vida. Ya ir, más allá del DNA de si tu papa fue esto o tu abuelo, yo creo que eso, en base a la humanidad, los dos tenemos ese potencial. Y, pues, la vida a veces lleva a que uno tenga que actuar de una cierta forma y se le sale el *mostro*, como uno dice, o se le sale el ángel y hace actos heroicos.

Investigador: O sea, que eso es algo que lo tiene, que está dormido en uno, que no...

Doctor: ... eso lo tiene todo el mundo, sí.

Investigador: Entonces, ¿qué usted opina, lo que es actuar en sangre fría?, ¿qué es sangre fría?, ¿qué concepto es lo que usted define?

Doctor: Eso es no tener consideración por el sentimiento de la otra persona. Eso puede ser, en cuanto a "bullying", eso puede ser en cuanto a maltrato físico, conyugal, o eso puede ser en cuanto a asesinar, inclusive, maltratar animales y hasta matarlos, como se ha visto por ahí, eso es lo que yo entiendo por ese término.

Investigador: Entonces, le pregunto, ¿usted cree en la reencarnación?

Doctor: Tengo mis creencias por ahí, sí.

Investigador: Le pregunto esto porque se han dado casos de crímenes atroces que tienen la similitud a unos crímenes ocurridos 300 o 400 años atrás y, entonces, pues, las personas alegan que tuvo algo por dentro, que actuaron como otra persona, como si hubieran sido poseídos o reencarnados por otra cosa o ente, o algo así.

Doctor: Pero, yo creo que lo de la reencarnación es más bien un proceso espiritual, no creo que esas personas, si alegan eso, yo no lo había escuchado, pero, si alegan eso, no le tengo mucha credibilidad a esas cosas.

Investigador: ¿Usted cree que la sociedad ha perdido el miedo a la muerte?

Doctor: No, la sociedad no, no, no lo ha perdido, yo creo que ese es uno de los principales miedos que tenemos. Los que han perdido el miedo a la muerte son los que han estado al borde de la muerte, esos que han tenido la experiencia, ¡a ver, cómo se le llama a eso! Que están clínicamente muerto y tienen una experiencia espiritual y, después, cuando vienen, pues, saben que es el más allá, pues, ya lo conocen, y no es que sean, entonces, pues, que se tomen riesgos innecesarios, pero tienen otro aprecio por la vida y no viven pendientes del miedo a la muerte, o si son personas que han estado, por ejemplo, en la guerra o en situaciones difíciles y han estado ahí, pegaditos a la muerte, pues, ya, como que eso se le ha bajado y se vuelven más fuertes, en ese sentido.

Investigador: Le menciono esto porque se han visto caso, por ejemplo, que hay escena de crímenes, pues, de asesinato, y ocurren en barriadas o en sectores de residenciales públicos y, entonces, usted ve que en esas escenas hay niños de seis, siete y diez años viendo la escena, viendo un cadáver como si fuera algo normal. Entonces, a veces, uno puede pensar que estos jóvenes van a crecer viendo como que la muerte es algo como un proceso natural de su ambiente... no sé, no tenerle miedo a la muerte...

Doctor: ... Sí, sí, yo creo que estás pensando bien... este... se van insensibilizando y, entonces, pero, no sé si es miedo a la muerte, de ellos morirse, o que no se impactan cuando ven que matan a una persona o que ven un cadáver, pero, todo es cuestión de que uno se va acostumbrando a lo que va viendo según va creciendo, en ese caso sí. Ahora, entiendo también, he oído decir que algunos de estos muchachos que entran a ser delincuentes, como que ya saben que no van a vivir mucho, porque lo han visto en otros compañeros, y entonces, actúan de una manera osada, irresponsable, como si no le tuvieran miedo a la muerte. Por eso, porque ellos piensan que van a morir jóvenes, eso lo he oído también, pero no soy un experto.

Investigador: Ok., entonces, le pregunto, ¿usted cree que la sociedad necesita tener criminalidad?

Doctor: Yo creo que no, yo creo que, si eso se pudiera eliminar, sería lo ideal. No necesitamos eso.

Investigador: ¿No sería un balance? Si uno pensar que todos fuéramos buenos...

Doctor: ... No, no, no, es que, la criminalidad no es cuestión de ser bueno o ser malo, es como un cáncer que se va comiendo las cosas valiosas y perjudica a personas inocentes, en ese sentido, yo creo que mientras más se pueda hacer prevención o se pueda hacer rehabilitación, mejor, yo creo que sí, que las personas se pueden rehabilitar.

Investigador: ¿Usted cree que la sociedad tiene a la criminalidad como si fuera un negocio?

Doctor: ¡Wow! Tremenda pregunta, en algunos aspectos eso pudiera parecer que es cierto, habría que profundizar y buscar ejemplo de eso, pero, no, como dicen, ni niego ni apruebo ese concepto, pero, está muy interesante... se puede estudiar.

Investigador: Ok., entonces, le pregunto doctor, ¿usted cree que el castigo fuerte, la mano dura, es un persuasivo para los criminales?

Doctor: En algunos casos, no siempre. Yo creo que hay diferentes maneras y de eso sí debe haber estudios. Yo creo que la mano fuerte y eso quizás sea como el último recurso, si se puede hacer otra cosa.

Investigador: ¿Y usted cree que, como la pena de muerte, por ejemplo, que es un castigo fuerte es un persuasivo?

Doctor: Estados Unidos tiene la pena de muerte y eso no ha evitado que se sigan cometiendo crímenes. Es que mucha gente piensa que a ellos no les va a pasar, no los van a coger, eso es parte de, cuando están turbados mental o emocionalmente, sí. Entonces, la pena de muerte no los para. ¡Tú sabes! No lo amedrenta.

Investigador: No los amedrentan. Entonces, le pregunto, doctor, ¿por qué en la sociedad utilizamos, e idealizamos a los grandes criminales? Por ejemplo, como Al capone, como Jesse James, como la misma serie de Pablo Escobar, que son unos criminales bien fuertes en un momento dado y todo el mundo los ven, en un momento dado, como unos héroes.

Doctor: Yo no siento que sean como héroes, sino como interesa, todo lo que es de peligro, es como si fuera de una gran aventura, están rompiendo la ley, están haciendo... y, entonces, interesa porque uno, pues, quiere saber cómo es esa gente, cómo piensa, qué los llevo a hacer eso y hacer lo otro, pero, por dentro, yo creo que las personas, en términos generales, no lo están idealizando, los están, ¿cómo? Los están repeliendo, pero, quieren saber cómo es la cosa, aunque, lamentablemente sí se hace, pues, gran promoción comercial, publicitaria, de las figuras. Quizás algunas mentes jóvenes impresionables lo vean como si, en ese caso, como un ejemplo, un héroe a imitar. Pero, no creo que sea en términos generales, eso sea así.

Investigador: Ok., entonces, le pregunto doctor, el ver vídeos en las redes sociales de las personas, por ejemplo, lo que está ahora, que es lo que está ocurriendo mucho en las redes sociales sobre la situación del estado Islámico, el grupo "Isis", que decapitan a periodistas y decapitan a un sinnúmero de cristianos y personas que no estén bajo su doctrina y los postean en las redes sociales, y que la gente esté viendo eso en las redes sociales como si fuera algo normal, eso, ¿usted cree que puede afectar la conducta de la sociedad, o influir en la conducta de un ser humano?

Doctor: Bueno, eso sí, tiene el factor que te mencioné antes, que uno se va insensibilizando, ¿verdad? Se va inmunizando a no emocionarse con lo que está viendo y eso no es saludable. Y lo otro, que ocasionan un gran desprecio, pues muchos están en contra de esos seres que están haciendo esos actos; o sea, que para ellos ellos están haciendo algo que está adelantando su causa, pero, yo creo que no es así, yo creo que a mucha gente le repulsa eso, eso es una cosa que no es agradable en ningún sentido y es bien injusta. Yo, en mi plano personal, no veo nada de eso ni veo las noticias donde sale la gente accidentada y sangrando o tirados en el piso, muertos, esto y lo otro, y yo le recomiendo a todo el que yo le puedo hablar y a mis personas que me vienen a consultar, y si estoy en algún programa, que cambien la vista o que cambien de canal, o si están en el cine... en el cine uno ve cosas horribles, y aunque son falsas, el cerebro las capta y son tan reales que a veces, pues, hacen impacto emocional. Yo miro para' abajo, cierro los ojos y les recomiendo a la gente que no dejen que ese material entre por los ojos, porque eso se queda grabado.

Investigador: Entonces, le pregunto doctor, ¿qué atribuye la falta de interés de los jóvenes en superarse? Le pregunto esto porque en un momento dado, yo leí en el periódico el Nuevo Día en Puerto Rico que el 60% de los jóvenes que estudian escuela intermedia no terminan y no se gradúan de escuela superior.

Doctor: Sí, la escuela intermedia es el terreno más fértil para escoger el camino, ya si están en escuela superior, pues, ya están, más o menos, dentro de lo que es académico y de buscar graduarse. En escuela intermedia están bien vulnerables a que vengan y los convenzan de que se unan a una ganguita o que prueben la marihuana o que hagan esto y se ganen chavo fácil. Lamentablemente eso es así, y no sé por qué no se ha tomado mayor previsión de velar por esos jóvenes que están pasando por escuela intermedia para darles opciones positivas y buenos ejemplos, hasta adiestramiento de cosas que sean pro la comunidad, etc.

Investigador: ¿Y usted cree que un factor de que en la sociedad tenga la codependencia, por ejemplo, de que la gente vea que puede tener ayudas públicas sociales y por tal razón no le dan la motivación a que puedan superarse?

Doctor: Sí, si tu aprendes a que puedes vivir sin trabajar, no vas a trabajar, y si te resuelven los problemas otras personas, eso pasa mucho con familias: si al muchacho siempre lo estas sacando de los líos en que se mete, pues, sigue metiéndose y nunca aprende a hacerse responsable de sus actos, y si el gobierno es el que te da las cosas sin trabajar o te mantiene, pues, ¡ya tú sabes! Eso se ve, mira alrededor y lo ves. Eso es un daño que nos han hecho los políticos.

Investigador: Las últimas dos preguntas, ¿quién usted cree que se beneficia de que exista este mal social?

Doctor: Bueno, se mantiene engrasada con este mal social toda la maquinaria policial, jurídica, abogados, hay un tráfico subterráneo de las cosas que el crimen genera o producen o venden o distribuyen, como la droga, como lo que se roba, etc... sí, hay mucha gente que se beneficia de esa. ¿Le tienen unos nombres, los economistas? Una economía subterránea, algo así, sí, eso es así.

Investigador: Entonces, le pregunto doctor, ¿usted cree que el problema de salud mental en la sociedad es más grande o grave de lo que nosotros nos imaginamos?

Doctor: Sí, sí, porque, entonces, solamente cuando surge algo que sale en la prensa, como el asesinato de la familia de Guaynabo, uno lo ve como casos aislados, pero, sé que las personas se asombran con eso, y es terrible de verdad. Pero, es solamente un síntoma de lo que está pasando y después pasa otra cosa parecida. Por ejemplo, en Estados Unidos se ha visto gente que matan nenes en las escuelas y cosas así, los mismos compañeritos, *se les sale el loco para' fuera* y cogen un revólver en negocios. Yo me acuerdo que hubo una época en que, en el sistema postal de Estados Unidos, el correo, en varias sucursales de los correos hubo asesinatos de empleados que estaban bien molestos con los jefes y cosas así. O sea, no es en Puerto Rico nada más, eso es en los tiempos que estamos viviendo, en todas partes.

Segunda Entrevista:

Profesor, el Sr. Beldredin Román de la Universidad Ana G Méndez, recinto del Turabo, en Gurabo Puerto Rico, ex presidente de la asociación de forenses de PR y agente Investigador Retirado de Homicidios de la Policía de PR.

Investigador: Pues mira, ahora vamos a hablar, ya que estamos en ese tema, vamos a entrar en las preguntas, mira… ¿Qué tu opinas cuando tú ves en las redes sociales un niño, un joven maltratando a un animal, por ejemplo, que le cortan las patas y los amarran por el rabo, y le ponen a darle vuelta y a darle contra la pared, y tú ves que ellos lo están disfrutando y es como una diversión para ellos?

Profesor: Eso se da también en las peleas de perros, y si lo extrapolamos lo vamos a ver en el boxeo también…

Investigador: ¿Por qué?

Profesor: En el caso, mira, vamos a empezar por partes. En el caso que me estás hablando de la sociedad, y el ejemplo que me estas poniendo del niño, es que disfruta el castigo corporal de ese animal, vamos a empezar por decirte que los seres humanos y los animales compartimos el mismo planeta.

Investigador: Ajá.

Profesor: ¿Verdad?

Investigador: ¡Sí!

Profesor: Dijo Mahatma Gandhi, que el respeto a la vida era el respeto a cualquier vida. Si partimos de esa filosofía, el respeto a la vida es el respeto a cualquier vida. Lo que hacen los niños no es tan grave, los niños que tú me pones en tu ejemplo, puesto que, pues, los seres humanos matamos animales constantemente, no tanto los maltratamos, los matamos, ¿verdad? Matamos la vida, y lo hacemos, pues, ponle la justificación que sea, para alimentarnos, los tenemos en casa para matar; esa es la naturaleza de ellos ¿verdad? La naturaleza de los seres humanos es otra... este... viéndolo desde ese punto de vista, pero, desde otro punto de vista, también es cultural. ¡Tú ves! Tú no vas a ver a un niño o una niña de la India coger una vaca y le va a caer a palo, ¿verdad? No va a coger un gato y le va a poner una ristra de petardos en la cola y le va a prender fuego y echarlo a correr, eso no lo vas a ver porque eso no venía en función de su cultura.

Investigador: Sí, ahí mencionas un punto que no han mencionado otras personas que entrevisté, pero, por eso es lo que yo quiero comparar. La idea de entrevistar personas que me den diferentes puntos de vista, y tú me has mencionado algo de cultura, interesante...

Profesor: ¡Claro! Es que, en el animal, el castigo varía en función de la cultura... estamos armados con unos valores en un sitio y con otros en otros, pero, sin embargo, pues, ¡tú sabes! No vamos a tolerar ese tipo de situación. Como te dije, los hindúes, pues, su filosofía es diferente, ellos respetan a la vida, cualquier tipo de vida, ellos respetan a la vida, porque, como te dije, somos seres que compartimos el planeta, ¿ves...?

Investigador: Sí, y entonces que...

Profesor: Y evidentemente de que el León se coma a la Gacela, y, pues, el precio del ser humano tiene otra función en el planeta, ¡tú sabes!...

Investigador: entonces, ¿qué crees, dentro de la posibilidad, la criminalidad se aprende, las personas nacen con eso o eso es algo que le enseñan? ¿Qué tú crees? ¿Qué opinas de eso?

Profesor: Eso, yo pienso que, ¡como te dije! Pienso también que el ambiente modifica mucho a los seres humanos, y la sensibilidad de que tú me hablas, es la voz que muchas veces tratamos de señalar y tratamos de erradicar, pero, fíjate, mira lo que pasa cuando esa sensibilidad a quien más causa impacto y quien más incurre en falta sensibilidad es la misma prensa, ¿verdad? En este momento histórico, que a nosotros nos ha tocado vivir, la prensa... eh... aunque tú no lo creas vive de eso, de la falta de sensibilidad, de la morbosidad, de las noticias como mercancías. Es noticia decir que mañana las cosas van a estar peor que hoy, por ejemplo, tómate el ejemplo de Puerto Rico: nos dice que mañana habrá más mujeres que hoy, que mañana va a haber más robos domiciliarios que hoy, que se cree que habrá más hombres matando a mujeres que ayer, que la economía va a estar peor, pero mañana va estar mejor y entonces, de momento, te bombardean con eso desde el amanecer, que se levanta la clase trabajadora, la gente, y la sociedad completa hasta la noche, ¿verdad?, y que están... eh... ¿cómo te digo...? mentalmente te están lacerando, la están atacando, y nos han acostumbrado a las malas noticias. Pues, mira, ya las noticias no constituyen que aparezca un riñón para un niño que lo necesita en el Hospital del Niño, eso no es noticia. Noticia es que en un sector de Cupey se metió una persona a la casa, mató... a toda la familia. ¡Eso es una buena noticia! En Guaynabo una masacre, que, de hecho, el término masacre, eso es una invención de la prensa. Cuando hablamos de masacre, hablamos de muertes en masa, ¿verdad? Muertes en masa, pero, cinco personas es... pues, el asesinato de cinco seres humanos. ¡Lamentable por demás! un acto desgraciado, ¡cierto! Pero no es una masacre. Masacre cometió Jin Johns en Guyana; masacre cometió Adolfo Hitler en Alemania; masacres se cometieron en la antigua España, la región que es España... cuando mataron también a los judíos. En otra ocasión, masacre se cometió en las tierras Bárbaras, eso eran masacres, masacre cometió David Koresh en Waco, Texas, pero en este país, por ejemplo, en Puerto Rico... un individuo va y ajusticia a otro y mata tres más por asuntos de las drogas, ¡eso no es ninguna mascare! Ese término lo trae la prensa, pero, lo une la prensa para poder vestir de sensacionalismo a las noticias. Darle matiz a la noticia.

Investigador: ¿Simplemente venden?

Profesor: ¡Exacto!, que a hoy día es lo que vende. hoy día ya la función ha mermado bastante, por ejemplo. Mira, en el principio, cuando salió la prensa, el derecho a la prensa era que, cuando se inventó la prensa, la maquinaria esa que prensaba el papel con la opinión, que era la letra y prensaba el papel, que se escribía algo que era nocivo o para el gobierno, o para la sociedad, o el gobierno o en el ejercicio de su derecho, el gobierno venia y se lo confiscaba, pero, el propietario de la prensa tenía derecho a la prensa, que era el instrumento, porque como él vivía de eso, pues, eso no se le podía quitar. Con el correr de los siglos, el derecho a la prensa se ha tergiversado. Pensamos que el derecho a la prensa es destruir reputaciones de personas.

Investigador: Sí...

Profesor: Sin ton ni son. Creemos que el derecho a la prensa es decir lo que creamos de un político, no importa su familia que hiera, no importa las consecuencias que tenga. Pensamos que el derecho a la prensa es decir lo que nos plazca. Y eso no es derecho, eso es más libertinaje y ofensa que derecho a la prensa. Entonces, la propia prensa ahora tiene un conflicto, y ¿cuál es el conflicto? En esta época moderna por los "iPhone", y con los equipos, o los aparatos electrónicos, la prensa ahora es el ciudadano, que capta la noticia al instante, inmediatamente la sube a las redes sociales y de las redes sociales da vuelta al mundo en cuestiones de minutos o tal vez segundos, ¿verdad? Y, entonces, ya ha perdido... ha perdido, ¡entiendo yo! Que va perdiendo terreno. Ese periodista de la calle, ese reportero de la calle, porque el reportero de la calle se ha convertido en nosotros, los ciudadanos, y del día a día, el ciudadano de a pie, que va por ahí, ve el crimen y lo toma con su iPhone y se lo envía al vecino, lo sube a las redes sociales, y muchas veces de ahí es que los sacan los noticieros.

Investigador: Cierto...

Profesor: Entonces, vemos cómo los noticieros dicen que hay que tener cuidado con eso, porque el ser humano le imparte mucho sensacionalismo y no toma las precauciones y que lo viste de mucha sangre y eso es peligroso; o sea, nos están acusando de lo que ellos mismos están haciendo o de lo que hicieron por muchísimo tiempo. ¡Mírate la ironía de la vida! Yo creo, en conclusión, Francisco, que la prensa moderna de hoy día, habrá uno que otro, que son responsables, ¿verdad? Pero en su inmensa mayoría, la prensa sensacionalista está contribuyendo a destruir la paz y el sosiego de las sociedades modernas, ¿ves? La prensa también tiene una función social, y se escudan detrás de la necesidad de informar, pero informar es una cosa e interpretar la noticia es otra cosa, ¡tú sabes! Tú me puedes decir que el barrio patas arriba o Chencho López... eh... murió bajando unas escaleras, ¡tú sabes! ¿Qué ocurrió? se accidento y murió. Y la noticia viene y te dice Don Chencho López, que en una ocasión fue arrestado en su juventud por el trasiego de drogas, cuyos hijos son narcotraficantes, pues, Don Chencho, por estas circunstancias misteriosas, apareció muerto al final de las escaleras de su casa, esa no era la noticia.

Investigador: Cierto...

Profesor: Así que... ¿entiendes lo que te quiero decir?

Investigador: Sí.

Profesor: Don Chencho López estaba bajando las escaleras, tuvo un accidente bajando las escaleras y murió, eso es todo.

Investigador: Sí.

Profesor: Informarme la noticia como es, no la interpretes ni me le pongas falsitas, tenemos el deber de informar, dicen los periodistas, sí, pero, de informar, no de interpretar ni de manipular la noticia.

Investigador: Recuérdate que ahora la noticia es un negocio...

Profesor: ¡Claro que sí! Negocio. Vuelvo y te digo, como te dije al principio: es un negocio, el negocio de la venta de morbosidad, de la noticia mercancía, si tú quieres ver una referencia... eh... más específica de esto, búscate el libro de la Dra. Olga Elena Resumil, que en paz descanse, búscate el libro en la Introducción a la Criminología, segunda edición, revisada, y vas a ver, en uno de los subcapítulos finales que habla sobre el concepto de la noticia mercancía.

Investigador: ¡Uhum!

Profesor: Ahí tienes referencia de lo que te estoy hablando.

Investigador: ... Cierto...

Profesor: ¡Tú sabes!, que no es que yo lo señalo.

Investigador: Cierto, ya esto es un tema estudiado.

Profesor: Concluye lo mismo, ¿verdad?

Investigador: ... Que esos son temas estudiados.

Profesor: ¡Claro! Y han sometido a investigación, aquí la prensa. ¡Te voy a decir una cosa!, este... quiere controlar el Departamento o los gobiernos que estén... o del color del gobierno que sea. Quieren controlar los departamentos, ya sea de Justicia, ya sea de Policía, ya sea de Corrección, ya sea de la Familia, quieren tener control so pena de que te intimido, so pena de que hablo en contra tuya, ¿qué es eso?, pues, entonces, no estamos viviendo una democracia.

Investigador: Cierto...

Profesor: Porque, ese... libertinaje publicitario, ¿verdad?, eso no es democracia.

Investigador: Ay, entonces...

Profesor: ¡Tú sabes! El estilo de... esto...está destruyendo reputaciones.

Investigador: Entonces, Profesor, te pregunto.

Profesor: ¡Ajá, sí, sí!

Investigador: El odio... en el país, en el día a día, el odio y el querer, ¿tú crees que eso sea aprendido o uno nace con eso? La ambición de querer, la ambición de odiar ¿tú crees que es una conducta aprendida o que uno nace con eso?

Profesor: Yo... no creo que... sean situaciones patológicas, yo creo que muchas veces, el odio es producto del desconocimiento, de la ignorancia, de no saber canalizar las emociones, de no ver, valorar lo que el otro tiene... eh... mi vecino se saca la lotería, yo no me voy a molestar, todo lo contrario, me voy a alegrar, ¿verdad? Me voy a alegrar, no me voy a molestar porque mi vecino se sacó la lotería. El odio es lo mismo. El odio es que, desde pequeño, no te inculcan esos valores, ¿verdad? No... vas a crecer rebelde. ¡Tú me entiendes!

Investigador: O sea, que es aprendido, es inculcado...

Profesor: Yo creo que el odio, tanto como aprendido no, pero, es que... un... ¡cómo te digo!, es un modelaje, muchas veces de lo que vemos, de los modelos que cuando niños nosotros elegimos, ¿verdad? A veces el odio es producto de la desesperación, el no saber el canalizar esas emociones en un momento. Eh... la puerta más fácil es el odio... ¡tú sabes! Este... yo no sé cantar y odio a los cantantes, ¿ves? Yo no pude ser profesional, y odio a todos los profesionales, ¿no? ¡Tú sabes!

Investigador: Profesor, y que tú crees, que existe en el ser humano, que en un momento dado podemos reaccionar y cometer un crimen. Como si tuviéramos un "switch" o "interruptor", por dentro y reaccionamos sin razonar. ¿Tú crees que todos tenemos el criminal por dentro y en un momento dado en que surge alguna situación, sale?

Profesor: No tanto como eso, pero, yo creo que todo ser humano tiene su instante de maldad, y yo creo que es parte de la naturaleza del ser humano, si no, vamos a preguntarle a este hombre que no tuvo roce social, que no se metió en ninguna barriada, que no vendió...o se unió a la mafia, que no se crio en un barrio de personas vendiendo droga.... que se llamó Caín y mató a su hermano Abel, y, ¿de dónde aprendió el odio?, ¿él no lo vio? Entonces, podemos concluir, partiendo de esa analogía, que es algo que es parte del ser humano, ¿entiende? Ese instinto criminal o lo anulas o lo desarrollas. Mira, pasa lo mismo con la cordura y la locura, el amor y el odio, la vida y la muerte, lo divide un cordón de plata de eso.

Investigador: Bien, ¿y que tú crees...?

Profesor: ... ¡ajá!...

Investigador: ... sí, ... continua la línea, sigue...

Profesor: Que yo creo que esa pregunta que tú me haces, que es que todos los seres humanos tienen eso... yo no diría instintos criminales, yo te diría de que son momentos de poder máximo... que es un momento de furia, porque el crimen no es otra cosa que la manifestación de la furia de un ser humano contra otro, que el término de crimen que el ser humano que le da... le provoca la muerte a otro de forma intencional, este, yo creo que es eso, es el resultado máximo de esa acumulación de odio, que puede salir y crecer súbitamente, y este... en lo más recóndito del ser humano, ¿verdad? O como puede ser sistemáticamente, hay gente que son grandes cultivadores del odio, y se dedican a promoverlo y con arbitrariedad, ¡tú sabes! Son su maestría, ¡claro que sí!

Investigador: Pero, se han visto casos que, por ejemplo, personas que son profesionales que la gente decían que eran personas intachables, personas honorables y que, en un momento dado, cometieron un asesinato, por ejemplo, que mataron a su esposa; ni fue planificado ni premeditado, entonces vuelvo a recalcar, esa persona que tiene estudios y está capacitada, que es ejemplo de la sociedad, diferente a otros, que es una persona que es respetable, cometió el crimen que uno cree que en ese tipo de persona no puede ocurrir, me entendió...

Profesor: ... ¡ajá!...

Investigador: Y ocurren, entonces, ahí podemos pensar, de que, ¡tú sabes! tener la idea de que, oye, realmente todo el mundo tiene un criminal por dentro y de que en un momento dado se activa o no se activa, pero siempre lo vas a tener latente por dentro, pero, no hasta que ocurra algún detonante.

Profesor: ¡Yo creo que sí! Yo creo que es como el instinto de conservación o el instinto de supervivencia... este... tú eres vegetariano, pero, puedes, de momento, que en una cena donde te han servido carne que vas a hacer y ¿cómo vas a sobrevivir? ¿verdad? Pues, vas a sobrevivir, pues, tal vez, comiendo carne de otros animales… esto es lo que hay, ¡tú sabes! Yo creo que… también depende mucho. Hay casos, que… ¿Por qué mata el soldado? Por supervivencia, ¿verdad? ¿Por qué matan el León? Para alimentar a sus crías, supervivencia también, porque está dentro de su naturaleza. Ahora, si bien es cierto que dentro de la naturaleza del ser humano está eso también, yo te diría que es probable, que exista también, y que este oculto, pero vuelvo y te llevo a la analogía de Caín y de Abel, fue un acto como de envidia, que es lo más grande.

Investigador: ¡Uhum! ¿Tú crees que es lo mismo?

Profesor: Lo alimentó, y lo más grande de todo es, que era su hermano…

Investigador: Sí…

Profesor: Y otro aspecto importante, no se crio en una cultura de odio, no se crio en una cultura de crimen, ¡ah!

Investigador: Para…

Profesor: … Dice la escritura que Caín mato a Abel y el pueblo lo condenó por tal tragedia, ¿qué pueblo? Si estaban Adán y Eva, Caín y Abel, pero bueno, ¡esos son otros veinte pesos!

Investigador: Pero creo que esa premisa se refiere a sus descendientes, me imagino. Ven acá, y te pregunto, ¿qué tú opinas, qué tú crees, si tienes alguna definición o algo, de lo que significa ser de sangre fría? ¿De qué connotaciones, cuando ocurren casos… atroces, que la sociedad repudia?

Profesor: Crimen a sangre fría, con alevosía, planeamiento y sobre todo con mucha determinación, sin ningún tipo de remordimiento.

Investigador: O sea, que la persona de sangre fría.

Profesor: Liberación total...

Investigador: ¿Una persona de sangre fría nace con eso o esa persona lo adquiere es su desarrollo?

Profesor: Mira, cuando, con la experiencia que yo he tenido investigando estos casos, este... yo te diría, que eso de sangre fría tiene muchos factores, a veces es el producto del odio, te lleva al planeamiento y finalmente te lleva al asesinato. ¡Tú sabes cuántas confesiones yo he escuchado en mi vida! ¡Tú sabes cuántas confesiones de asesinato yo escuché! Y todas, aunque no lo creas, tenían algo en común, pero, todas tenían un marco de referencia diferente...

Investigador: ¡Uhum! Muy bien, entonces, te pregunto...

Profesor: Había una filosofía que afirmaba que el ser humano era bueno y la sociedad lo corrompe. No era tan bueno, por lo que realizo Caín...

Investigador: Sí, entonces, te pregunto: ¿Tú crees en la reencarnación? ¿Tú crees que, si uno mira a la historia 2,000 o 3,000 años atrás, aunque había cosas peores que las que ocurren ahora, como las batallas más sangrientas, como por ejemplo las cruzadas que eran organizadas por la iglesia católicas, hallará algo?

Profesor: Cierto es que identificaban a las brujas y a los musulmanes y quemaban a la gente viva.

Investigador: ... y quemaban a la gente viva, o sea, que hacían cosas más crueles, pero...

Profesor: ... que eran inusitados...

Investigador: Por eso... entonces, en esta época, porque ha habido personas que han hecho actos atroces similares, que habían ocurrido en el pasado y ellos entendían que era que algo se les había metido por dentro; era algo de salud mental o espiritual sin

	uno entrar en el ámbito religioso, ¿tú crees que eso pueda ser parte de la reencarnación? ¿Qué crees...?
Profesor:	Sí, sí, yo creo que sí. Yo creo que la Madre Teresa de Calcuta es un ejemplo de eso, creo que Juan Pablo II, también es un ejemplo de eso...
Investigador:	¿Por qué?
Profesor:	... Eh... porque, desde el punto de vista religioso, se comportaron en esta tierra, como benefactores, como ángeles, hablando desde el punto de vista religioso. Desde el punto de vista parasicológico, ¿verdad? Yo te diría que sí, que también creo en la reencarnación, de ser humano en ser humano, no de hoy reencarnamos y mañana en una cucaracha, no, no, yo no creo en esa cultura... la cultura es tan grande... cultura es tan grande y tan... y tan grande, me refiero en términos de grandeza cultural, como... la egipcia, ¿verdad? Estos hablaban del tránsito de la vida y la muerte, hablaban de ese tránsito y lo dejaron pintado en el interior de sus pirámides. Eh... ¿qué te puedo decir? Cógete las cuartetas de Michell Nostradamus...
Investigador:	¡Cierto!
Profesor:	Que revela la segunda guerra mundial, cuando habla del líder que se levanta en Germania, que habla de Hitler, de holocausto.
Investigador:	Sí...
Profesor:	Cuando habla de que ve unos... vio... eh... unos... unos pájaros de acero que lo... montaban, esos pájaros de acero, unos hombres con cara de cerdos, se refiere a los aviones y a la indumentaria, el caso, la manga esa, la trompa esa de los pilotos de combate, haciendo...

Investigador: Sí, sí...

Profesor: ¿Ves?

Investigador: Ven acá, y que tú crees...

Profesor: Hay algo... hay algo... hay algún tipo de tránsito entre... entre lo que nos han contado, y la vida esotérica. Yo... sé que hay algo. Alguna vez has llegado a un sitio y, ¡Ah, Dios! ¡Pero yo estuve aquí! *Déjà vu*...

Investigador: ... Sí...

Profesor: ¡Verdad! El *Déjà vu*, que le llaman...

Investigador: ... Sí. Ven acá.

Profesor: ¡Ah! Yo he tenido... a mí me han pasado cosas de esa naturaleza, ¡tú sabes!

Investigador: Te pregunto, ¿tú crees que la sociedad le ha perdido el miedo a la muerte? Que la muerte se ha convertido en algo tan y tan rutinario, que tú lo ves todos los días en la prensa, que ya la gente le ha perdido el respeto o le ha perdido el miedo a eso.

Profesor: Yo creo que lo que... el miedo a la muerte yo creo que siempre está latente en la gente justa... este... pero, lo que se ha perdido es el miedo al castigo, porque hay tanta impunidad en nuestras sociedades modernas que se ha perdido el miedo al castigo. Eso es lo que yo entiendo que se ha perdido. El miedo a la muerte yo creo que es algo que está latente, que yo creo que eso... eh... ¡que eso no se pierde!, porque, ¿quién no va a tener miedo a que muera un familiar de uno? ¿Quién no va a tener miedo? Yo he estado dos veces, digo, he estado un montón de veces, pero, estas últimas dos veces, por un infarto he estado... yo he estado al borde de la muerte, en... en un segundo podía suceder. ¡Créeme! Francisco, es una sensación horrible, horrible, que es, ¡cómo te digo...! yo lo que sentí, una... una mezcla de... todas las emociones...

Investigador: ¿Qué sensación sentiste... de que tú vas a... que los que te quieren... que los que te rodean, que no los vas a volver a ver, o tu entiendes que les vas a hacer falta o fue por ti?

Profesor: Por ambas cosas, pero la idea, por lo que dejaste de concluir, por... la fractura de esos planes inconclusos, por el pensamiento de lo desconocido, porque a lo mejor piensas que no estás preparado. ¡Tú entiendes!

Investigador: Sí...

Profesor: Yo creo que, más que todo, si el ser humano conociera el misterio de la muerte, no le temería, porque realmente lo que tememos es a lo desconocido. Oye, ¿y si después que nos vamos no hay nada más...?

Investigador: ... Sí...

Profesor: ... ¡Ah!...

Investigador: ... Y ahí se acabó...

Profesor: ¿Tú sabes eso? ¿si no hay nada?

Investigador: ... Sí...

Profesor: ¿Si todo fueron palabras? ¿Y si no hay ninguna promesa divina?

Investigador: ... Sí...

Profesor: Cualquier cosa.

Investigador: Ven acá, y te pregunto: ¿La sociedad necesita tener criminalidad? ¿Tú crees que la sociedad, si no tiene criminalidad no funciona? ¿Es un mal social?

Profesor: Bueno, no tanto como que la necesita... este... pero, yo entiendo que, ¡tú sabes! No existe el árbol si no existe el agua...

Investigador: ... Ok...

Profesor: Es una simbiosis, es un fenómeno simbiótico en la sociedad... eh... eh... el crimen, los criminales, la muerte...

Investigador: ... ¿Tú crees que...?

Profesor: Fíjate que... el fenómeno de la criminalidad, la ciencia... eh... fundamentalmente la criminología, que es un compendio de la ciencia, de diferentes tipos de ciencia comportamentales y tecnológica y demás... eh... siempre se fundamenta en el estudio del crimen; qué es el crimen como tal, qué es el criminal y eso que tú me hablas es el efecto que causa la colectiva social. ¿Ves? Ese efecto, es lo que nos mantiene en funcionamiento, o lo que nos está destruyendo, si alguna vez has pensado, sino hubiese crimen, ¿cómo fuera la vida...?

Investigador: ... ¡uhm!...

Profesor: Que todos fueren buenos y no hubiera malos, ¿sería vida esto? ¿Tiene balance? ¿Qué es el balance?

Investigador: ¿No será que la criminalidad será parte de un negocio, que la gente, que la sociedad permita que exista criminalidad? ¿Si la criminalidad no existe no existirían industrias que se alimentan de ella?

Profesor: Yo creo que podría ser un negocio, como son la cura de las enfermedades catastróficas, que también podría ser un negocio. Pero todo... todo depende del cristal con se mire, ¡tú sabes!

Investigador: Ven acá, y ¿tú crees que… que hay un castigo fuerte, la mano dura, es un persuasivo para los criminales? O no…

Profesor: Yo creo que el criminal se merece el grado de justicia que aplicó a sus víctimas, o sea, no le aplicó ninguna, pues, no se merece ninguna justicia.

Investigador: ¿No cree que sea un poco fuerte eso? En el sentido de que no… ¿no es un poco cruel…?

Profesor: Que no, que… que no que… que el castigo…

Investigador: … Sí…

Profesor: … Eh… la pena de muerte, ¿tú dices?…

Investigador: No, de que es, como, por ejemplo, antes… cuando… hay estados de que… mucha de la gente… en Puerto Rico no quieren… no que si la pena de muerte, que si para aquí y para acá… si el castigo fuerte, como… sin llegar al extremo de la pena de muerte, es un persuasivo para que los criminales digan, bueno, yo no voy a cometer este hecho, este delito porque me puede pasar esto, o esto otro. O tú crees que no….

Profesor: Un ejemplo, yo te puedo decir que, se ha dicho, en el estado de Texas, en el que existe la pena de muerte… ¡perdóname!…

Investigador: … ¡ajá!…

Profesor: … *atiende algo*…

Investigador: … Sí…

Profesor: … ¡ajá!… eh… como te había dicho, pues, en el estado de Texas… ¡tú sabes!, que existe la pena de muerte, la inyección letal…

Investigador: ¡Uhum!

Profesor: Que no, que eso, en un estudio que hicieron hace varios años atrás, demostró que no, que no había frenado la ola criminal. Pero, otro estudio paralelo reveló que tampoco había crecido. O sea, que si nos vamos al principio de los métodos científicos, es una hipótesis nula, ¡tú sabes!

Investigador: Sí...

Profesor: ¿Ves?

Investigador: Sí, te entendí.

Profesor: Yo tengo el temor, yo no creo en la pena de muerte, yo creo... en que la pena de muerte falla. No, yo creo que lo que conduce, la investigación que conduce a la pena de muerte son los que falla. La investigación que conduce a la pena de muerte. Yo creo que, si la investigación se hiciera concienzuda y extremadamente profesional y bien hecha, yo creo que la pena de muerte sería justa, ¿oíste...?

Investigador: Cierto.

Profesor: Tú crees que hemos querido que... la gente dice: Ah, que, si Dios dio la vida, Dios la quita, yo no soy quién para quitarle la vida a nadie, y el criminal, que es quien lo hace...

Investigador: ¿Sí?

Profesor: ¿Por qué brincó esa... esa frontera?

Investigador: Sí...

Profesor: Hay que cambiarle la existencia, hay una existencia nula, también, porque estamos protegiendo a la sociedad de futuros asesinatos. Mira el caso aquí en Puerto Rico de este individuo que cumplió catorce años, planificó matar a su mujer, la mató a machetazos, cumplió catorce años, salió y entonces repitió lo mismo de catorce años atrás...

Investigador: Sí.

Profesor: ¿Y entonces? ¡Ah!

Investigador: Sí...

Profesor: Entonces, esa idea de que ¡no!... ¡no!, y si tú crees que... ¡mira!, yo te voy a decir una cosa, eh... el que mata a una persona, y lo matan, yo te garantizo que ese no vuelve a matar a más nadie.

Investigador: Sí, y como...

Profesor: Irónicamente, pero, ¡tú sabes lo que te quiero decir!

Investigador: ... Sí, sí... evita que ocurran. Como el delito que mencionaste del machetazo que se pensó que se había rehabilitado y no se rehabilitó.

Profesor: No se rehabilitó porque... porque nuestras instituciones carcelarias nos son centros de rehabilitación, se ha dicho en un sinnúmero de ocasiones, que son escuelas para criminales, y yo estoy por creerlo...

Investigador: Sí...

Profesor: Porque es que el sistema correccional de todos los países, por ejemplo, por decir de los Estados Unidos, no está diseñado para rehabilitar, es un almacén de delincuentes.

Investigador: Sí, es cierto.

Profesor: Y es un depósito de delincuentes...

Investigador: Es verdad...

Profesor: Lo mismo que los hogares de ancianos, son un depósito de ancianos, nadie le va a dar a esos ancianos el cariño y el amor que le dan sus hijos, sus familias, sus nietos, ¿ves? Lo mismo pasa con las cárceles. Entonces dicen reutilizar, mira, hay individuos que van a la cárcel y no tienen nada en el cráneo, ahí nunca hubo nada... rehabilitar, entonces, que tú vas a hacer, ¿rehabilitar? Si ahí nunca hubo nada...

Investigador: ... sí...

Profesor: ... ¿Tú me sigues?...

Investigador: ... Sí...

Profesor: El sistema correccional que tenemos no funciona.

Investigador: Ven acá, ¿y porque tú ves que la sociedad idólatra a los grandes criminales? Por ejemplo, hay una serie de Pablo Escobar...

Profesor: Ese...

Investigador: La serie de Pablo Escobar; y era un criminal y todo, y la gente lo sabe.

Profesor: ¡Pues claro! Pero eso es, ¿quién lo construye? Eso es la era moderna, ¡ves!, ¿quién fue el que lo reconstruyó? La prensa... la prensa moderna lo construyó, como construyó a *Billy the Kid*, como construyó a Jessy James, la prensa, la prensa fue la que construyó al *mostro*, la prensa fue la que construyó a Escobar Gavidia, ¿ves? La prensa, porque es un negocio lucrativo para ellos. Hay otro personaje o celebridades que se destacan en la sociedad, pero es más fácil.

Investigador: Es increíble.

Profesor: Pregúntate, entonces, ¿por qué y quién se está glorificando del crimen en el mundo? ¡Los medios de prensa, mi hermano!

Investigador: Sí. Ven acá...

Profesor: Los medios de prensa.

Investigador: Es que...

Profesor: Están glorificando el crimen.

Investigador: Y eso que hay en las redes sociales, que últimamente han puesto los estados islámicos "Isis" decapitando personas y todo eso, y que la gente lo ve. ¡Mira! Nosotros hemos visto que, antes de comenzar el video del grupo del estado islámico, donde muestran la decapitación del periodista, te salen comerciales, compra en tal tienda y así... hay... hay anuncios antes... publicitarios... antes de llegar a ese tipo de video, o sea, que se ha convertido en un negocio... que la gente quiere ver... hay millones de personas que quieren ver ese tipo de video.

Profesor: Porque el crimen paga, ¡chico! El crimen paga, el crimen es un negocio perfecto, el crimen, mira, en este elemento, de este nuevo siglo se han visto cosas terribles, como, por ejemplo, esa, la máxima expresión de la glorificación del crimen, de forma descarada. Eh... subvencionada por... eh... muchas veces por el mismo gobierno mundial.

Investigador: ... ¡Uhum!...

Profesor: Este...

Profesor: Eso es parte de la economía de los gobiernos, ¡tú sabes! Porque ahí no hay interdependencias.

Investigador: Ven acá, profesor, cambiando el tema... volviendo a la sociedad de nosotros, ¿qué se atribuye la falta de interés de los jóvenes de superarse? De querer mantenerse en el mismo ciclo, de no querer estudiar para superarse, que no tienen ambiciones... algo más allá de lo que quisieran ser, porque, por ejemplo, en Puerto Rico se ha hecho una estadística de que el 60% de los estudiantes que pasan la escuela intermedia y superior no gradúan de cuarto año.

Profesor: Si, eso mismo, yo entiendo que... que el gobierno debe atender esto.

Investigador: Sí...

Profesor: Que el gobierno debe ejercer, en ese sentido, como método de prioridad contra los jóvenes, crear los programas de control y de prevención y de orientación; mira, yo recuerdo, Milian, cuando yo era chamaquito y tenía diez, doce años, estaba un programa en el gobierno que se llamaba el Departamento de Instrucción Pública y se llevaba un programa de Educación a la Comunidad, ¿verdad? Y trabajaba con el gobierno Abelardo Díaz Alfaro... eh... Axel Anderson; este, Mona Martin; este, hasta Don Cholito, un sinnúmero de artistas y creaban películas para orientar, para capacitar a la sociedad y buscaban una pared y le ponían un pedazo de tela y la proyectaban, y era la forma de educar a la comunidad, y, entonces, cuarenta o cincuenta años después, vemos todo lo contrario. Vamos en un viaje vertiginoso... eh... hacia atrás.

Investigador: Cierto...

Profesor: Y claro que tenemos que ver estos actos de criminales, más cosas negativas, porque hay mayor desinformación y mayor desconocimiento, ¿ves? Y entonces, el sistema educativo en este país, eso se relaciona mucho con los valores, con la cultura, pero, el sistema educativo de este país está bien... bien arcaico, bien deficiente. ¡Mira!, yo recibo, como profesor universitario, yo recibo a estudiantes graduados de colegio de escuela superior que no saben todavía ni siquiera la historia de Puerto Rico...

Tercera Entrevista:

Terapeuta y Trabajadora Social de jóvenes y adolescentes del Estado de la Florida la Sra. Vilma Maldonado

Investigador:	En base a lo que estamos hablando, le estaba explicando que estoy escribiendo un libro investigativo, sobre la conducta y comportamiento humano y por eso deseo realizarles varias preguntas, y quiero que sean contestadas según su experiencia, de manera sencilla con el objetivo de entender su punto de vista.
Investigador:	¿Qué opina usted cuando ve a joven a un niño maltratando a un animal? Por ejemplo, que le corte las patas, le ponga petardos en la boca o lo queme y lo grabe y lo ponga en las redes sociales, como si eso fuera un acto de diversión.
Terapeuta:	Este... yo pienso que eso puede que sea que el niño haya visto violencia en su casa o puede que sea que el niño tiene problemas mentales, que el niño tiene un desorden mental que no ha sido tratado. Porque sí, he tratado con niños que le gusta pegar fuego y sí, he experimentado con el niño que le da... que muerde a su perrita para que se porte bien. Ese niño tiene trastornos mentales y puede, para mí, o es un desorden mental o es que viene de la casa ya aprendiendo esa conducta.
Investigador:	Y no será que eso que menciona es un caso aislado, por ejemplo. Uno ve en las redes sociales jóvenes cantidad de videos de jóvenes haciéndoles daños y maltratando a los animales que uno ve que para algunos son actos crueles, y hay otros que lo ven como un acto de diversión y entretenimiento.

Terapeuta: ¡Cierto! Y también puede que sea para que le den atención, él dice: si no me dan atención en una cosa, pues, busco algo para que la gente me siga. Es como los nenes que van a las escuelas y matan, como buscando como atención que no tienen en la misma casa.

Investigador: Entonces, te menciono la siguiente pregunta. ¿Qué opina usted si nosotros, los seres humanos, nacemos con la sensibilidad, o eso es una conducta inculcada?

Terapeuta: Bueno, el niño aprende todo lo que hacemos, cuando nacemos no sabemos nada, ¿ok? Hay niños que sí salen enfermitos porque sus padres han usado drogas, y salen que lloran mucho, pero, ellos no saben por qué están llorando. El niño, como yo vi, según los estudios que yo he tenido, el estudio de psicología, vi un documental de niños criados en un orfanato judío, que estaban aislados, que son niños que en el futuro no llegan a socializarse como se socializa un niño que tiene una familia. *So*, eso, todo lo que el niño hace es que, al pasar los años es que lo aprende.

Investigador: Es conducta aprendida.

Terapeuta: Sí, es conducta aprendida.

Investigador: O sea, que no existe la posibilidad de que una persona nazca con ese sentimiento, de sensibilidad. Que sea sensible, por ejemplo, niños pequeños que optan por acariciar un animal y otros por maltratarlo, como se mencionó en la pregunta anterior.

Terapeuta: ¡Uhum!

Investigador: Que el niño coja a un animalito que sabe que tiene vida, y coges le arrancas las patas a un lagartijo, para verlo...

Terapeuta: Ese es el sentimiento.

Investigador: Como si eso, realmente, estuviera bien, como si fuera un pedazo de papel o algo; y sabemos que está sufriendo, pero, eso le divierte, y los padres lo pudieran ver como acto de travesura de un niño, o como una manifestación de violencia temprana...

Terapeuta: Pero, puede que sea una condición mental, o también en otros casos puede ser espiritual. Yo soy cristiana y sé que la maldad existe, y debemos tener mucho cuidado también con eso, ¿entiendes? A mí no me gusta. Yo estaba cogiendo unas clases de religión y me salí porque no me gusta la confusión, pero, sé que lo que puede... ser... puede que haya... que él sabe lo que está pasando en la casa y que ese niño también haya cogido esas vibras negativas.

Investigador: Si, puede ser. ¿Usted cree que puede haber una conexión o consecuencia a esto actos que estén atribuidos al bullying? Le menciono esto, porque en mis tiempos sí existía el bullying, pero la manera en que se propagaba el acoso en la escuela era manera manual, de persona a persona, o sea, creando un efecto mucho más lento. Pero ahora, con la tecnología ese mismo acoso abarca más rápido y los efectos son diferentes.

Terapeuta: ... Sí, uhum...

Investigador: Porque ese tipo de conducta hay que analizarla, porque usualmente el perpetrador del bullying, indirectamente está expresando alguna frustración o maltrato que tiene, y lo manifiesta en una mala conducta al más débil, o que el entiende que es inferior. O que de cierto modo tiene una conducta agresiva que pudiera ser aprendida en su desarrollo, pero sin perder en perspectiva que la víctima del acoso que no tiene ningún tipo de culpa de sus problemas.

Terapeuta: Eso puede ser conducta aprendida, como puede ser algo para atención, y también de poder, ¿entiendes? Yo soy, yo tengo poder, tengo el control, *so*, que, en verdad, antes no se veía el bullying como se ve ahora, eso tenía… este… por el Internet, todos esos juegos de violencia, y hay niños que buscan los más vulnerables y entonces, pues, ahí es que se pegan ellos, pero, puede que sea una conducta aprendida.

Investigador: ¿Conducta aprendida?

Terapeuta: Sí.

Investigador: No es que nacen con eso.

Terapeuta: Nnnn…

Investigador: No hay nadie que nace con eso…

Terapeuta: Es que tanta cosa… porque yo he visto niños que desde pequeñitos juegan con muñecas y esa cosa… y si salen niños afeminados, pues se ven de pequeños, que eso puede que sean los genes, que puede que también tenga parte con el crecimiento, dependiendo de si la mamá bebía o usaba drogas, que puede que eso también le afecte.

Investigador: Si, en el entorno en que se crio.

Terapeuta: ¡Cierto!, el entorno en que se crio.

Investigador: ¿Qué usted cree de la avaricia, también eso es un sentimiento que se aprende o se nace?

Terapeuta: Eso se aprende, se aprende. Para mí es más conducta aprendida ...

Investigador: ... No es innato...

Terapeuta: ¿Nacer con eso? No...

Investigador: Igual que lo del odio. ¿El odio, usted cree que la gente nace con odio o lo aprende?

Terapeuta: No, porque eso es todo aprendido. El niño maltratado, el niño que se cría solito en una cuna, ya ahí, pues, entonces puede que en el futuro ya ese niño se crie hasta rebelde.

Investigador: Pero, el odiar, ¡tú sabes! El tener un significado del odio.

Terapeuta: No, no creo, para mí que eso es una conducta aprendida, según de lo que el niño vaya pasando en la vida.

Investigador: Ok. ¿Usted cree que todo ser humano tiene un criminal por dentro y en un momento dado, es como un "switch" que se activa, se prende, y la gente puede cometer un crimen atroz?

Le menciono esto como, por ejemplo, casos que se han visto de personas que nadie esperaba de que pudieran cometer cierta acciones como... una masacre, que matara a una familia completa y todos los vecinos dicen, y los padres: mira, si esa persona jamás en mi vida nunca dio síntomas, no era paciente psiquiátrico, no consumía alcohol ni tampoco sustancias controladas y sin embargo, cometió ese tipo de acto. ¿Usted cree que es que todos los seres humanos tienen un criminal por dentro y lo que necesita es la motivación para cometer algo?

Terapeuta:	No, no lo creo, para mí que eso es algo, que para una persona cometer debe tener algo, algún tipo de desorden mental o algo espiritual. Porque sí, también ha pasado, de un niño que mató a la familia, un adolescente y todo el mundo decía lo mismo. Puede ser algo que llevaban por dentro desde pequeños, el abuso o algo espiritual, porque hay que tener mucho cuidado.
Investigador:	Porque, mira, te doy un ejemplo, en el caso de Connecticut y en el caso de Texas, ha habido varios, que yo los tengo en mención para que se analice la conducta de esos jóvenes, porque lo voy a incluir en este trabajo de investigación. Entonces, esos jóvenes a pesar de todo, de la crianza, incluso, en el caso del de Texas, uno de ellos, el papá era pacifista y era una persona aparentemente moral, y la mamá era bien religiosa (bueno hay que ver hasta qué punto llegaba su religión), y el adolescente se crio en un ambiente cristiano y, sin embargo, ellos cometieron actos atroces, en los que mataron a treinta y pico de estudiantes en esa escuela. Pero se mencionaba que ellos eran víctimas de bullying, pero, que eso no es como para uno pensar, o que sea un detonante que le provoque matar a treinta y pico de personas, y sesenta y pico de personas heridas.
Terapeuta:	Dependiendo de cómo lo estaban tratando en la escuela, de lo que estaba pasando en la casa, que uno nunca sabe. De qué cristianos... cristianos, y ¡sabrá Dios! lo que pasaban dentro de ese hogar, y a lo mejor él tenía alguna condición mental que tampoco se había tratado.
Investigador:	¿Y tú crees que la música es una influencia en la conducta de una persona?

Terapeuta: Sí, para mí, bueno, esa música de rock, yo como que le tengo un poquito como de miedito, total es música, pero, que la gente la coge como, por el lado diferente que la usan para cultos y cosas así y, entonces sí...

Investigador: Pudiera ser un persuasivo...

Terapeuta: Puede ser cierto.

Investigador: De hecho, en cuatro de los casos que hubo masacres en las escuelas, escuchaban la música de Marilyn Manson.

Terapeuta: ¡Uhum!

Investigador: ... Ellos escuchaban música de rock...

Terapeuta: ... ¡Música de rock!...

Investigador: ... Que es casual, que escuchaban la misma música y artistas de rock...

Terapeuta: ... ¡Ah!, sí...

Investigador: Que era algo, no sé, por eso es por lo que le hago esa mención, porque en esa comparativa que hice en esos casos, pues, aparecía que ellos escucharon, de casualidad, ese tipo de música y la misma canción.

Terapeuta: ¡Cierto!

Investigador: Que no sé, si la letra de la música es un persuasivo o motivación para cualquier iniciativa.

Terapeuta: Bueno, y qué hay, yo tuve un muchachito que él se vestía de negro y el pelo le tapaba la cara, sus uñas eran negras y andaba con un grupito...

Investigador: A eso le dicen los góticos...

Terapeuta: ¡Aja! Los góticos, pero, que en terapia hablamos y se logró reconectar y salió un poco del ambiente porque ya estaban haciendo lo de la música, ya estaban haciendo como planes para hacer cosas negativas, sobre todo...

Investigador: Sí, que ya estaban entrando más allá.

Terapeuta: Ya estaban entrando, cierto…

Investigador: Más allá…

Terapeuta: ¡Uhum!...

Investigador: Ok. Entonces, ¿qué usted puede comentar sobre lo que es actuar a sangre fría? ¿Qué usted cree que significa eso?

Terapeuta: Que no le interesa cómo la otra persona se sienta, que la puede ver sufriendo y, que sufra, porque yo no lo estoy sufriendo.

Investigador: O sea, que se alimenta de eso.

Terapeuta: Se alimenta de eso. Eso es una cosa, como el caso del hombre al que mataron en Puerto Rico, que le cortaron la cabeza.

Investigador: … ¡Uhum!...

Terapeuta: Que lo presentaron en la televisión, que yo encontré eso tan mal. ¿Cómo se sentirían ellos al hacer eso, a un ser humano? Eran personas que ya tienen la sangre fría, tal vez estaban drogados, tú sabes que las drogas están haciendo mucho daño.

Investigador: ¡Uhum!

Terapeuta: Y la mente se le va en blanco, ellos se vienen a despertar y ya han hecho todo, hasta eso.

Investigador: Pero, en otras culturas eso es normal, por lo menos, en la cultura islam y la cultura Maya, la decapitación es algo normal…

Terapeuta: Sí…

Investigador: O sea, ¿que puede ser cultural también eso?

Terapeuta: Es cultural para las personas que son negativas y que no creen ni en ellos mismos, sí, porque, ¿qué va a ser cultural una cosa que tú vas a decapitar a un ser humano, o hasta un animalito? Porque hasta que maten una gallina, pero... ¡Entiende! Un ser humano, y como si nada.

Investigador: Porque si vamos a ver en la historia, hasta en el Antiguo Testamento decapitaban, y era algo común porque lo que le enviaban era el trofeo; el mismo David, para llevar la prueba de que había matado a Goliat, tenía que decapitarlo. Cuando mataron a San Juan Bautista y lo mandaron a decapitar, tú sabes que eso era algo bien común, que, a pesar de todo, ¡tú sabes! que uno ve que hay cosas que en esta sociedad uno lo está viendo, yo creo que es más porque estamos en las redes sociales y hay más ambivalencia en cuestión de los sistemas para ver.

Terapeuta: Sí, ¡increíble! ¡Increíbles y terribles! Y es como digo, ahora mismo, está el Army, tú sabes que hay religiones que no aceptan que sus hijos vayan a la guerra, pero, yo digo: ¿Cómo nos vamos a defender? Si estamos tranquilos aquí y va a venir alguien a molestar, ¿usted se va a quedar con los brazos cruzados? Tenemos que buscar una solución, ¿no? ¿Y qué hizo Papá, que hizo Papá Dios en esos tiempos? Le daba órdenes a Samuel para que le dijera a sus seguidores... a uno de los reyes que antes de David le dijo que mataran todo, y cómo va a decir que mataran toda esa gente, y eso era como si nada, ¿ves?, *so*...

Investigador: Y las cruzadas también hacían lo mismo, que fueron después...

Terapeuta: ¡Uhum! Eso sí... si está pasando algo en Israel que podamos ir a ayudarlos, ¿por qué no?

Investigador: Pero ahí, en ese caso, entonces, usted puede entender que, si hay una acción que ocasione la muerte de otra persona, y si está justificada, está bien.

Terapeuta: Dependiendo de lo que esté pasando, sí, porque tampoco vamos a dejar que vengan las personas que les gusten decapitar y matar por gusto, y dejar que nos maten a todos acá, si podemos prevenirlo. Si lo hicieron en el Antiguo Testamento y todo eso, ¿por qué no se puede hacer ahora? Pero, tiene que ser una cosa justificada, no es que yo voy a ir a hacerlo.

Investigador: No, si no yo...

Terapeuta: Si no, ¿cómo nos vamos a defender?

Investigador: Precisamente esa es la idea de la investigación, lo que yo deseo es escuchar, el pensamiento de la gente en esto...

Terapeuta: ¡Sí!...

Investigador: ¿Usted cree, que, mientras sea para el beneficio de nosotros, pues, la acción está justificada?

Terapeuta: Sí, porque nosotros no vamos a dejar que los criminales, que ya tienen la mente situada te vayan a matar, eso es lo que quieren, te van a matar...

Investigador: Sí. Ahora, observamos un caso hipotético, de un ser querido suyo, y un delincuente, le hace algo, y en cuanto a ese delincuente, usted piensa que si es capturado deberían matarlo. ¿Usted cree en eso, de que debieran matarlo? ¿O usted cree que No?

Terapeuta: No, que lo dejen en la cárcel en cadena perpetua, para que ayude a los demás confinados...

Investigador: Pero ¿si hace algo atroz?

Terapeuta: ¿Si hace algo atroz? No creo, porque vamos, entonces, a terminarle la vida allá y no sufre el castigo. ¡Tú entiendes! Lo pueden dejar que cumpla... hay personas que lo dejan preso y eso, y es peor. Es una cosa que hay que pensarla.

Investigador: En el momento...

Terapeuta: Sí...

Investigador: Que uno puede, o sea, que en el punto que... mencionamos anterior, de que uno pudiera tener a un criminal por dentro, puede ser en el ámbito de, porque uno pensar en que, esté la acción justificada, ocasionarle la muerte a una persona, o cometer un acto criminal.

Terapeuta: ¡Cierto!

Investigador: O sea, entonces, todo el mundo tiene algo de criminal por dentro.

Terapeuta: De criminal por dentro, uhmm... la cuestión es que uno está siempre en oración, y tener fe, porque si no se puede salir.

Investigador: Según lo que mencionas, si no lo hace pues puede salir.

Terapeuta: Sí, y entonces, pues, uno termina en problemas...

Investigador: Pero, independiente de cuál sea la motivación, y que la misma no sea justificada, como que está haciendo un acto atroz, ¿usted cree que ...?

Terapeuta: Sí.

Investigador: Entonces uno tiene un criminal por dentro.

Terapeuta: ¡Uhum!

Investigador: Según su punto de vista.

Terapeuta: Dependiendo, existe la doble personalidad. Yo veía un programa que tenía dentro del cerebro alguien bueno, tenía alguien malo, el bueno era quien le brindaba la paz.

Investigador: Sí, la teoría de Freud el yo, el ego, y el super ego, como lo ilustraban en las caricaturas animadas como el angelito y el diablito.

Terapeuta: ¡Cierto!, ¡uhum!

Investigador: Lo que se conoce con el id y el ego. Entonces, le pregunto, ¿usted cree en la reencarnación?

Terapeuta: ¡Ay, pues, yo no sé! Porque, no sé, eso es una cosa que tengo mis dudas...

Investigador: ¿Usted cree que pueda haber personas que de niños nazcan y que dicen, piensen y hagan cosas terribles, por ejemplo, en caso de jóvenes que ha hecho masacres, que han hecho actos bien parecidos y planificado, a sucesos ocurrió hace 300 años ...

Terapeuta: ... 300 años atrás...

Investigador: Entonces, ¿cómo justificamos eso? ¿Cómo? No se si vio el caso de un niño en china de cuatro años que tocaba el piano y se sabía más de doscientas canciones de "Valentino Liberace" en inglés, y ningunos de sus padres era músico ni hablaban el idioma inglés.
(https://www.youtube.com/watch?v=_2yy9hICTd8)

Terapeuta: Eso es, cosas diabólicas, eso es que viene ya.

Investigador: O sea, usted no cree que sea la reencarnación...

Terapista: No, porque todos tenemos, según la biblia, tenemos que esperar para la venida del Señor, y que venga el juicio, pero, que son cosas que ponen a uno pensar también, por eso es por lo que yo no me complico la vida mirando documentales de cosas insólitas que están pasando, porque, entonces, ahí es que uno se confunde.

Investigador: Pero, según usted...

Terapeuta: Uhum…

Investigador: Según usted, ¿la reencarnación existe o no existe?…

Terapeuta: No sé, ahí estoy yo como un poquito dudosa, sí.

Investigador: Le pregunto ahora, la sociedad, ¿usted cree que la sociedad le ha perdido el miedo a la muerte? Que, cuando uno ve tantas cosas en las redes sociales de que se mueren, que si fulano mata aquí, que si aquel atropella aquí, que si uno está en la carretera y ve una persona muerta, uno lo mira, ¡tú sabes! Como que la gente lo ve como algo rutinario o le han perdido el miedo a la muerte.

Terapeuta: Lo que pasa es que la persona como que se está acostumbrando. Que yo me acuerdo ver… cuando yo vivía o nos enterábamos de que un hombre mataba a otro, y nadie hacia nada, por miedo de que esa persona lo fuera a matar, so…

Investigador: Pero ¿eso es miedo?

Terapeuta: Sí eso es miedo.

Investigador: Eso es diferente…

Terapeuta: Pero, eso es costumbre, no en todo el mundo, pero eso dependiendo de donde uno esté…

Investigador: ¿De que tenga miedo a la muerte?

Terapeuta: ¡Uhum!

Investigador: De que crea en la muerte o no, que influye en la sociedad donde vive … o sea, como, por ejemplo, que jóvenes observen en las redes sociales atrocidades que hace el grupo del estado Islámico, "Isis", que decapita gente, mata cristianos y todo eso, ¿eso se ha convertido en algo morboso? Porque es una práctica común en jóvenes, entrar en esas redes sociales, y ver todos esos tipos de videos.

Terapeuta: Y ver todas esas cosas… es terrible. Yo que vengo de una crianza como, más… ¡cómo le digo! Más… será a la antigua, porque, ahora es que yo vengo a saber de cómo se puede mandar a buscar cosas por el Internet; de todo, armas, droga, de todo lo que uno quiera.

Investigador: ¡Uhum!

Terapeuta: Y lo bien que, y los jóvenes están tomando… están cogiendo ventaja de eso, *so*, que lo más que se ven haciendo ese tipo de cosas son jóvenes, todo es por medio de las redes sociales.

Investigador: O sea, ¿que las redes sociales pueden ser un mecanismo para que los jóvenes puedan terminar delinquiendo?

Terapeuta: Sí.

Investigador: ¿Usted cree?

Terapeuta: Sí.

Investigador: O sea, que puede ser en el hogar, que se le esté enseñando lo correcto y ellos puedan aprender por otro lado como, por ejemplo, en las redes sociales, otro tipo de conducta…

Terapeuta: Sí. Por otro lado, o sea, que hay que estar muy pendiente a lo que los niños y los jóvenes están viendo en el Internet.

Investigador: ¿Usted cree que la sociedad necesita tener criminalidad?

Terapeuta: No. lo que necesitamos son personas buenas. Yo quisiera un mundo que esté bien.

Investigador: ¿Usted cree que, si todos fuéramos buenos y no hubiera nadie malo, el mundo funcionaría?

Terapeuta: Sí, es que, no sé, sería bueno, me gustaría que fuera así. ¡Verdad que sí!

Investigador: Pero, si todo el mundo fuera bueno, vamos a partir de esa premisa, que en esta sociedad todo el mundo es bueno, no hay policías porque no necesitamos policías, no lo necesitamos; todo el mundo es bueno, ¿usted cree que eso sería un balance para la sociedad, y para el mundo?

Terapeuta: Bueno, sí, eso me encantaría que pasara, me encantaría que fuera así, pero, lamentablemente, no, no lo es...

Investigador: O sea, que usted cree que no, pero, entonces, ¿cree que la sociedad necesite tener la criminalidad, o no la necesitaría?

Terapeuta: No, porque, ¿para qué? Esas son cosas negativas.

Investigador: ¿Usted cree que la criminalidad es un negocio?

Terapeuta: Sí.

Investigador: ¿Por qué usted cree eso?

Terapeuta: Porque... este... mandan a matar a otro porque están en la venta de drogas o los que quieren ser altos ejecutivos, quítate tú que me pongo yo, pero, que tengo que sacarte del lado, para yo estar en mi sitio, en lo alto, tengo que sacar a varios grupos. Pues sí creo.

Investigador: O sea, que lo que observamos es quién se alimenta y se beneficia de la criminalidad, por ejemplo, vender cámara de seguridad, alarmas para la casa, tener guardias de seguridad y eso, ellos se alimentan de la criminalidad.

Terapeuta: ¡Sí, claro! Es como todo un negocio, las funerarias son un negocio, la criminalidad también.

Investigador: ¿Es un negocio?

Terapeuta: ¡Claro! Es mucho más negocio que otra cosa, y control.

Investigador: ¿Y usted cree que el castigo fuerte es un persuasivo para la criminalidad? Por ejemplo, la pena de muerte.

Terapeuta: No, fíjate… yo no creo en la pena de muerte, creo más el punto terapéutico, yo creo más en ayudar a las personas a que se conviertan en lo que fueron y digan por qué, porque eso debe tener un fondo o una historia…

Investigador: ¡Uhum!

Terapeuta: O sea, que todo lo que uno hace debe tener una base, porque lo hizo, y esa persona lo puede ser, hasta la misma presión que una persona pueda cometer algún delito.

Investigador: O sea, que no es un persuasivo, la mano dura.

Terapeuta: No.

Investigador: Por ejemplo, el que anuncien, que si te meten doscientos años si cometes un robo, ¿usted cree que eso no ayudaría para que los jóvenes no cometan ese delito? Porque es un castigo fuerte, ¡Tú sabes! que el castigo fuerte no es un persuasivo según tu apreciación.

Terapeuta: No, porque ellos se van a acostumbrar al castigo, acuérdate que los jóvenes o están o no están. Tú crees que esos nenes en México y en Sur América, usando pega y diferentes tipos de droga, y hacen cualquier cosa por su droga, ¡tú me entiendes!, *so*, para ellos, el castigo sería algo, bueno, ¡tú entiendes!, porque están fuera del mundo negativo.

Investigador: Ok. ¿Por qué usted cree que nosotros, la sociedad, idealizamos a los grandes criminales? Por ejemplo, si usted ve que hay historias de Jessie James, Al Capone, Pablo Escobar; ellos son ídolos, mucha gente los quiere imitar, hay hasta películas y todo eso de ellos…

Terapeuta:	A mí me gusta ver lo que ellos hicieron, y eso es para mí como una enseñanza de tan malo que esas personas fueron, pero, mira a Hitler todo lo que hizo.
Investigador:	¿Y por qué la gente lo idealiza, los ponen como si fueran unos héroes, realizan murales y hacen camisetas? ¿Por qué usted cree?
Terapeuta:	Porque, es para las personas que no tienen conciencia, ¿porque cómo yo voy a idealizar una persona así?
Investigador:	Han habido casos de que, por ejemplo, que uno va al cine y ve en una película, y ves al villano que está matando, está robando, y a lo último en la película usted ve que las personas no quieren que lo maten o que sea capturado ¡Bendito, lo cogieron la policía! Le cogen hasta pena, sin embargo, en todo lo que se ha difundido en la película es que la persona lo que hizo fue delitos y crímenes. ¿Por qué, entonces, las personas ven eso y en un momento dado, pues, el delincuente se convierte en un ídolo?
Terapeuta:	Yo lo que digo es, ¿por qué está haciendo eso? ¿Si alguien lo ayudará? Desde mi punto de vista, que es todo esto.
Investigador:	Lo ves terapéutico.
Terapeuta:	Terapéutico, ¿si yo lo pudiera ayudar? ¿Si eso no fuera así? Porque yo he visto personas esquizofrénicas y psicópatas haciendo cosas que la gente no lo cree, pero, si es que están enfermos. ¿Ves? ¿Me entiendes? El punto mío es más un punto…
Investigador:	Sí, por eso le pregunto.
Terapeuta:	Yo soy enfermera y soy terapista, *so*, lo mío es de que todo el mundo esté bien… vamos a ayudarlo, algo le está pasando, algo tiene de que el llevo ahí.

Investigador: El ver videos atroces hace que las personas sean más insensibles, ¿convierten a las personas insensibles como, por ejemplo, observar vídeos de decapitaciones que se encuentran muy populares ahora en las redes? O sea, ahora le pongo un ejemplo, cuando uno va a entrar a "YouTube" a buscar los vídeos del estado Islámico, antes de ver un hecho o una decapitación de los periodistas americanos, hay anuncios de mercadotecnia, de producto, por ejemplo, cómprate un celular de la compañía X y después vas a ver el video. Eso quiere decir que el entrar, el ver ese tipo de acto atroz tiene un público que hasta la misma compañía piensan en mercadearse a través de esas redes, en ese website o páginas de internet en específico; o sea, que eso quiere decir que nosotros estamos perdiendo la sensibilidad, hasta dónde llega el morbo, porque lo que observamos es el sufrimiento de una persona…

Terapeuta: El observar que personas tengan el control, y que esas personas que tienen el control son personas negativas posiblemente ese puede ser un atractivo para las personas con pensamientos negativos.

Investigador: Pero, ellos lo hacen por su ideal religioso.

Terapeuta: Por su religión, pero ¿qué sentido tiene para esa persona? Bueno, qué conciencia si ellos cogen a las mujeres y ellas tienen que estar tapadas y dependiendo de lo que ellos digan tienen que estar ahí. ¡Tú sabes! Ellos vienen desde que se crían, ya vienen y se desarrollan así, de que yo tengo el control, esto es lo que yo voy a hacer y se acabó.

Investigador: ¿También puede ser cultural?

Terapeuta: Es la cultura y el control. Yo vi... al estado Islámico dándole con una correa a una mujer, pero, con la correa, con la hebilla porque ella no lo obedeció, eso ya es control, y allá el hombre tiene mucho más poder que la mujer.

Investigador: Sí, cierto es... ¿Bueno, qué tú crees que atribuye la falta de interés en los jóvenes en superarse? Por ejemplo, no sé si usted ha visto la tendencia que existe hoy en día en los jóvenes que, por ejemplo, en Puerto Rico, el periódico "El Nuevo Día", realizó un estudio donde indicaba que el 60% de los jóvenes que terminan la escuela intermedia y pasan a escuela superior no se gradúan de escuela superior. El 60% ¿Tú sabes que solamente un 40% de los jóvenes terminan y se gradúan de high school? ¿Qué usted cree que pueda atribuir que los jóvenes no tengan la mentalidad de superarse?

Terapeuta: Eso también puede que venga de los padres, porque si nosotros los padres no estamos pendientes de lo que nuestros hijos están haciendo y con quien están, pues, ya se van a ir de las manos de nosotros. Tal vez, la confianza de que no tengan el dinero para que ellos continúen y ellos, pues, entonces, buscan otras vías y en vez de hacer lo correcto, pues, se ponen a hacer cosas incorrectas ¡Tú sabes! En Puerto Rico existe todavía la pobreza y pues, los lleva a los jóvenes, a realizar muchas cosas.

Investigador: Pero aquí, en los Estados Unidos, ocurre eso también.

Terapeuta: ¡Uhum! Pero, también todo es falta de guía de los padres, que estén pendientes a sus hijos. Hay mucha madre soltera, yo crie cinco hijos, como quien dice sola, y mis hijos, los cuatros se me graduaron, dos se me enfermaron, que tienen una condición, pero por eso yo estuve, como madre pendiente a mis hijos y todavía lo sigo estando. ¡Tú sabes! que está en uno también, porque si uno los va a dejar ¡A Dios que reparta suerte! Y se van a dejar influenciar, por otros muchachitos que están en la calle, que no les importa nada, que no respetan a sus padres. Seguimos, también, con otros padres que han criado tan mal que los *añoñaron* demasiados y ya a lo último, ni los respetan, hasta los chiquititos, ¡me entiendes! *So...*

Investigador: Sí. Entonces, ¿qué usted opina que el factor de la codependencia? Por ejemplo, vivir del gobierno que puede ser un factor que los jóvenes no les motive superarse, porque saben que, si no trabajan, por lo menos, pueden tener las ayudas sociales como sección 8, "food stamp", pueden tener más ayudas sin realizar nada, ¿eso usted cree, que también atribuye a que los jóvenes no piensen en superarse?

Terapeuta: ¡Claro que sí! En parte, porque si ellos ven que en su casa su mamá no quiere hacer nada, está pendiente a la ayuda del gobierno, pues, ellos van a seguir los pasos de la persona principal. Ahora si, en Pensilvania cambiaron esa política y creo que también aquí está igual, que tienen que trabajar hasta ciertos años, y tienen que irse a la escuela y tienen que superarse y hacer algo, que esa política a mí me gustó.

Investigador: Sí, que tienen que motivarlos…

Terapeuta: Porque si no…

Investigador: Como lo hay en Nueva York, que hay gente que lleva más de cincuenta años viviendo de sección 8.

Terapeuta: ¡Claro! Si yo llegué aquí a las Américas y tienen ayuda de eso… ¿y qué es lo que hicieron? ¡Verdad, éramos cinco! Y tenía que hacerlo, pero, que eso era fácil, *so*, que ahora me gusta… y allá tienen, le pagan por el cuido de los nenes, ¿no tienen quien le cuide a los nenes? Pues, hay un Day care, pues, entonces, para eso sí.

Investigador: ¿Quién cree usted que se beneficia de que exista un mal social?

Terapeuta: Pues, mira, las personas que están tomando el control.

Investigador: ¿Por qué?

Terapeuta: Porque de ahí viene, bueno, yo digo que el control viene de arriba; de las personas que no tienen conciencia, que lo que ellos quieren es tener dinero, y no les importan lo que esté pasando a su alrededor. Porque mira cómo están con los políticos, tanto que prometen y eso, y no cumplen. *So*, los que se benefician son los gobernadores o los presidentes o, tal vez, las personas que están dentro, que a veces, no tanto el presidente o el gabinete, ahí hay personas que quieren todo para ellos, *so*, el gobierno está…

Investigador: ¿Y usted cree que el problema de salud mental en la sociedad es más grave de lo que la gente cree?

Terapeuta: Sí.

Investigador: ¿Qué hay más casos de lo que la gente puede imaginar?

Terapeuta: Sí, porque, lo que pasa es que la persona, a veces, quiere superarse y hacer cosas positivas, y como les han pasado tantas cosas y no han sido tratadas... Aquí, en esta área, ahora mismo, las clínicas que hay por aquí, están lejos, no hay nada local, que la persona pueda ir ahí, atenderse; eso sí, yo no creo mucho en los medicamentos psicotrópicos porque, entonces, lo que están haciendo es... se están cogiendo una adicción...

Investigador: ¡Ah, sí!

Terapeuta: Es bueno hablar, es bueno uno sentarse y hablar, porque alguien los tiene que escuchar.

Investigador: Y en base a lo que hemos hablado, ¿qué usted cree? Deme una opinión de la sociedad en términos generales.

Terapeuta: La sociedad es donde estamos, en lo que convivimos, y sería bueno, como lo que está haciendo usted, buscar, hacer, indagar, el porqué. El porqué de la conducta de la sociedad. ¿Qué cosas se pueden hacer para que vivamos un poco en paz? Porque aquí, no solamente en nuestra sociedad, sino también en el mundo entero.

Cuarta Entrevista:

Padre de la Parroquia La Milagrosa del Carmen, Abogado Licenciado en Derecho Civil el Padre Carlos Pérez

Investigador: Le menciono, padre, que estoy realizando un trabajo investigativo sobre la conducta de la sociedad.

Padre: Muy Bien.

Investigador: Mi propósito es tratar de entender si la conducta que ocurre en nuestra sociedad es un problema social, un problema de salud mental o es un estilo de vida que llevamos nosotros en nuestra sociedad. Vamos a las preguntas. Por ejemplo, la primera pregunta, Padre:

- ¿Qué opina usted cuando ve a un niño maltratando a un animal y, por ejemplo, que le pega fuego, le corta unas patitas o algo, y lo pone en las redes sociales como si fuera un acto de diversión, y entre los otros niños se divierten viendo eso, que para vistas de otros eso puede ser un acto atroz, pero, ellos lo ven como un acto de diversión?

Padre: Eh… cuando yo veo que un niño es capaz de hacer una cosa como esa, que no es capaz de percibir la gravedad de lo que está realizando, yo me doy cuenta de que esta es una sociedad en la que se cumplen casi las palabras que Jesucristo dijo en el momento en que fue apresado: esta es la hora de las tinieblas. Vivimos en una cultura que en vez de promover la, por decirlo de alguna manera, la dignificación del ser humano, se promueve su deshumanización. Nosotros tenemos un problema que no hemos sabido, lo que se podría llamar la renovación generacional; es decir, nuestros antepasados fueron capaces de transmitir valores, de una sociedad que crio una cultura que nos dignificaba, la cultura de la compasión, la cultura del sentido de la familia fundamentada en la institución del matrimonio, la cultura de respeto, de que es más importante ser decente que ser rico, esa serie de valores; la cultura del trabajo, la cultura del sentido de familia, de solidaridad social; es decir, esa cultura que el puertorriqueño tenía y que transmitía como patrimonio. Hemos tenido, en este momento histórico en el cual nos encontramos, una cultura que lo que hace es deshumanizar al niño, ¿y por qué? Porque esta cultura deshumaniza, porque esta es una cultura primero, de los medios de comunicación como la televisión, en la que los niños pasan muchas horas. No es una televisión que sea transmisora de valores, sino que a veces transmite conductas deshumanizantes; ellos están en un bombardeo continuo de películas de violencia, en las que se recrea el asesinar o matar cruelmente a otra persona. Esa cultura, la hora de las tinieblas, hace que estos niños no puedan percibir y, por lo tanto, de alguna manera llaman luz a las tinieblas y llaman a las tinieblas luz. Es una pérdida absoluta. Por lo tanto, los medios de comunicación han contribuido. Se han hechos estudios de las horas que los niños pasan pegados al Internet o pegados, por ejemplo, a la televisión, y es una cosa terrible. Por lo tanto, el bombardeo de violencia les viene también del bombardeo de imágenes deshumanizantes. Pero, además, porque no hay papá y mamá.

Para los niños, la aportación de papá y mamá, del componente masculino y femenino, es un elemento imprescindible para el desarrollo pleno y digno. Por lo tanto, esa ausencia de esos dos componentes, como decía mi profesora, Dora Linares en ese libro, ella tiene unos estudios que se hicieron en las cárceles de Puerto Rico en la década del '90 hasta el dos mil y pico, y se descubrió que el 90% de esos jóvenes, por decir un numero altísimo, no saben quién es papá, a veces no tienen ni vinculación con mamá y son criados en unas estructuras de familia deficientes y disfuncionales por la abuela, que está a lo mejor enferma; por un familiar y a veces hasta extraños. Por lo tanto, viendo que uno de los precipitantes del crimen, es precisamente la ausencia de papá y mamá y, ¡claro!, todo ese ambiente en el que no hay disciplina y, a la vez, no hay, por decirlo así, el desarrollo de una sensibilidad noble, porque papá no me educa, mamá tampoco, no existen, ¡claro!, todos esos factores han incidido en que, cuando yo veo eso, veo que estamos en las horas de las tinieblas; como, por decir así, como una expresión cultural de lo que está siendo nuestro país. Esa es mi preocupación.

Investigador: Entonces, le pregunto, ¿qué opina usted de la sensibilidad del ser humano, eso se adquiere o el ser humano nace con ella?

Padre: Lo que yo creo es que hay como dos componentes, por decir así, recibidos de los padres; por decir así patrimonial, y los ambientes, sin duda los hijos reflejan muchas veces las conductas espontáneas de sus padres; pero, a la vez, hay un componente educativo, por lo tanto, ambas cosas contribuyen a desarrollar una sensibilidad hacia la naturaleza, hacia las otras personas. Hay unas inclinaciones, pero también está el factor educativo. Ambos factores son imprescindibles para el desarrollo de una persona, sin duda. Y hay factores que preceden, insisto, los factores, por decir así, familiares y genéticos pueden favorecer o desfavorecer. Hay familias coléricas, evidentemente, una familia en un ambiente que transmite, por decir así, de manera desfavorable unas características negativas, si no hay un ambiente educativo bueno, fortalecido tanto en familia como los ambientes educativos de nuestras escuelas y los medios de comunicación, lo que es la siembra de una semilla, porque era un factor hereditario, se puede convertir, por decir así, en un problema.

Investigador: En un problema... si observamos, son muchos factores. Siguiendo en la misma línea, la avaricia, el odio, ese tipo de sensación, ¿eso es una conducta aprendida o uno nace con eso? Le voy el punto de los casos anteriores, que se han visto que usualmente la avaricia es un componente de que muchos de los jóvenes caigan en esta situación de las drogas y en tener la mejor vida, el mejor estilo de vida.

Padre: Es evidente, como te digo, siempre ese componente familiar que recibimos que puede favorecer o desfavorecer al ser humano, y está también el factor educativo. Evidentemente, el problema cuando existe la avaricia es, por decir así, trastocar lo que es la búsqueda de la felicidad. La felicidad, en cristiano, es una frase que dijo Jesucristo y que recoge los hechos de los apóstoles, hay más alegría en dar que en recibir, eso es por decir, de alguna manera, ha sido nuestra cultura Judeocristiana puertorriqueña.

El jíbaro de campo tenía más felicidad, y no por ser rico, sino en hacer ricos a su esposa y a sus hijos, en hacerlos felices, y descubrían ahí su felicidad, o de la madre que se sacrifica por los hijos y es feliz, aunque muera por ayudar a su hijo. Evidentemente, en una sociedad que priva como más importante tener cosas, ser rico, eso va deshumanizando a la persona porque ya uno no gira en hacer feliz al otro, sino que uno gira en qué puedo yo sacarle al otro. Se ha convertido en un movimiento deshumanizante que, de nuevo, como te mencioné antes existen factores hereditarios: el factor de familia; pero, el factor educativo es clave de esto y, por lo tanto, sin duda, repercute en la sociedad.

Investigador: O sea, partiendo de su premisa es una conducta aprendida…

Padre: ¡Claro! Si no hay familias estables, si no hay unos medios de comunicación que enseñen modelos que interpelen esos sentimientos nobles de esta cultura cristiana que hay más alegría en dar que en recibir. Si no hay por parte de un ambiente educativo en nuestras escuelas públicas o privadas que transmitan eso, que le enseñen al ser humano que la persona feliz no es el que es rico; la persona feliz es el que es solidario, el que busca su alegría en darse a los demás. Ese, lo que nosotros vimos en esa gran generación de los 40, de puertorriqueños de todas las tendencias ideológicas, todos ellos, estoy hablando de Luis Muñoz Marín, de Don Luis Ferrer, de Gilberto Concepción de Gracia, de todos esos grandes, por decir así; Roberto Sánchez Villela, Piñero, todas estas personas, todos ellos hubieran podido ser las personas más millonarias de Puerto Rico, todos ellos dejaron carreras prometedoras y sacar chavos porque habían entendido lo que dice Martí. La patria es ala y no pedestal, y, por lo tanto, esta gente, esa gran generación de los 40, que es una generación no solamente de estos prohombres, es la generación de mi papá que fueron a la guerra y que nosotros estamos aquí porque ellos se sacrificaron, es la gran generación de los 40 que fueron a la Segunda Guerra Mundial, a la de Corea, que cuando vinieron. ¡Verdad! Por decir así, renovaron el país. Esa gente estará hecha de un sentido de la vida tan distinto; lo importante para ellos no era ser ricos, lo importante para ellos es qué yo puedo hacer para hacer feliz a los demás, esa era la cultura de esa gran generación que hemos perdido.

Investigador: La gran diferencia que existe ahora.

Padre: ¡Uhum!

Investigador: Ahora le pregunto Padre, ¿usted cree que todo ser humano tiene algún criminal por dentro, que en un momento dado puede activarse como si fuera un "interruptor" de un receptáculo, que en un momento dado puede activarse y cometer un crimen?

Padre: Sí...

Investigador: El ser humano está predispuesto a reaccionar de esa manera.

Padre: Todos los seres humanos somos capaces de los mayores errores y horrores. Eso es parte de nuestro patrimonio cristiano, que no nos lleva a, por decir así, a una especie de angustia personal, sino que nos lleva a hacer consciente, en un sentido realista, porque la iglesia, a parte de una intuición de fe, la cual nos dice que el hombre nace con el pecado original, y ¿qué es el pecado original? Es una deficiencia que recibimos de nuestros padres por generación, que si uno no lucha contra ella; hay que vencer el mal a fuerza del bien, desarrollando virtudes. Eso que comienza como una tendencia al mal, que puede llevar al ser humano a deshumanizarse, por eso la iglesia habla del pecado original.

La iglesia no parte de una visión de que el ser humano nace perfecto. No, la iglesia parte de que, aunque no estamos completamente corrompidos, hay elementos de bondad, hay sí una tendencia al mal que la iglesia llama concupiscencia, fruto del pecado original. Que es esa tendencia espontanea que todos tenemos, ese criminal que tenemos en el interior, que cuando alguien nos hace mal, lo que pensamos: «me gustaría arrancarle la cabeza»; que por la mañana: «¡Ay, me gustaría quedarme en la cama!»; que cuando vemos una persona que nos va a pedir dinero: «¡Ay, deja a ver si me escondo para que no me pida!». Es decir, esas tendencias espontáneas hacia el mal, que todos tenemos, no nos deben angustiar, sino que deben hacernos conscientes de que hay que vencerlas a fuerza de bien, porque el cristianismo no te dice: no cometas adulterio. Simplemente, el cristianismo te enseña que la belleza de vivir en matrimonio fiel, dignifica al ser humano; o sea, el cristianismo te dice que hay que vencer al mal con el bien. No robes, da; no mientas, di la verdad. No simplemente te dice no hagas cosas malas, te dice que hacer cosas buenas es mejor. Ese es el sentido, si tenemos una especie de criminal que se puede despertar si no luchamos contra él en cualquier momento.

Investigador: Entonces, le pregunto Padre, ¿qué usted cree del concepto actuar en sangre fría?

Padre: Mira, es un concepto, también de naturaleza moral, religiosa, que hay personas que actúan con una malicia premeditada, me explico. Hay personas que, llevados de pasión, por ejemplo, voy a dar un ejemplo un poco delicado, un esposo que cuando entra encuentra a su esposa con otro hombre en su lecho matrimonial, la pasión lo ciega, y lo mata a él y la mata a ella; eso tiene un sentido de malicia distinto de qué está pensando. Voy a echarle veneno al café de mi esposo para matarlo, y de esa manera me puedo quedar con el dinero y me puedo casar con la otra persona que yo amo. ¿Te das cuenta de que hay personas que realmente actúan con una malicia? Unos niveles de malicia deshumanizantes, con los cuales la libertad se ha corrompido plenamente. Primero, la libertad, fruto de una pasión, por decir así, es una libertad disminuida, la pasión lo cegó. Pero, cuando una persona lo hace con esa premeditación y alevosía, tiene la malicia que, por ejemplo, en el caso de derecho; el derecho nuestro, puertorriqueño, distingue entre el asesinato en primer grado y el asesinato en segundo grado. ¿Y cuál es el del primer grado? Por decirlo, es el que actúa fríamente, calculadamente, que sabe lo que está haciendo, y el de segundo grado, es cuando es fruto de la pasión. Incluso, puede haber asesinatos por negligencia, ¿entiendes? Porque fui negligente cuando estaba guiando y porque estaba haciendo carreras, maté a un niño. Esa persona no lo hizo de malicia. No dijo: «voy a matar al niño». O sea, que nosotros distinguimos con unos niveles de negligencia, unos niveles donde la libertad está disminuida, en unos niveles donde la libertad se ha corrompido plenamente, eso es, por decir así, la expresión más clara de lo que es el demonio. El demonio es eso, es una malicia, es hacer las cosas, pero, con la conciencia de que quiero hacer el mal no por debilidad, que es la diferencia.

Investigador: Es la diferencia, sí. Le pregunto, Padre, ¿usted cree que existe la reencarnación? Le pregunto sobre la reencarnación por casos que yo he escuchado en que personas que han cometidos unos crímenes atroces, establecen de que algo se les metió por dentro y que fue algo y que, por esa razón, fue la motivación, el detonante para cometer los hechos, y que, puede ser que en años anteriores 100 o 200 años atrás, hayan ocurrido casos similares, entonces uno pudiera pensar, pues, fue reencarnación o no.

Padre: Evidentemente las personas siempre buscan, a veces, quitarse la responsabilidad y asignarla a otro: «esto fue culpa de mi mujer, por eso la maté»; «es que el demonio se me metió»; «es que yo reencarné» ... en alguna manera es, como quitarnos responsabilidad. Tú tienes que asumir tú responsabilidad: «Fui yo». Todo tipo de influjo yo he decidido. Evidentemente, la tradición cristiana, católica, nos enseña que no hay reencarnación, que cada ser humano es único e insustituible y que, por lo tanto, en el momento de la muerte el hombre toma, por decir así, ese es el final de su peregrinar histórico, y comienza una etapa eterna, por decirlo así, o de relación con Dios o de alejamiento eterno, ¿verdad? Que llamamos infierno o el cielo. Evidentemente, en ese esquema no cabe la reencarnación, o sea, hay otros modos de explicar conductas, por decir así, desequilibradas, sin necesidad de recurrir al esquema de la reencarnación o al esquema de la posesión demoníaca, sino que realmente uno tiene que entender que hay otros esquemas para explicar que el ser humano puede llegar a unos niveles, por decir así, de maldad, que no son frutos de reencarnaciones anteriores o de acciones demoníacas, sino fruto de la libertad humana. El ser humano se va deshumanizando, y por lo tanto, yo no creo en la reencarnación para explicar algunos fenómenos de conducta humana, yo creo que el ser humano es libre y, por lo tanto, tú tienes la capacidad o de optar por el mal y hundirte en él, porque el mal tiene niveles de profundidad, u optar por el bien, que también tiene niveles de profundidad. Una persona como Madre Teresa de Calcuta, en comparación con Osama Bin Laden. Cada ser humano, fíjate que uno se siente en empatía solidaria con todos los seres humanos, sean buenos, sean malos, sean católicos o no lo sean. Bin Laden, por decir de alguna manera, comenzó a segmentar la humanidad y a crear un odio malicioso de unos niveles de gravedad. Ahí tienes dos, las antípodas. Una se mete por el camino del bien, el otro se mete por el camino del mal; una se hace solidaria, vence el mal a fuerza del bien, el otro lo que provoca es mal. ¿Cómo se explica eso? Pues, se explica que el ser humano tiene esos niveles y fíjate. ¡Perdóname que me extienda un poquito más! La iglesia Católica no es propensa a decir que, por ejemplo, lo que paso en Guaynabo, cuyos niveles de crueldad son unos niveles que uno no se puede imaginar a un ser humano que cometa las barbaries, que se cometieron contra ese otro ser humano. Eso es comparable a lo que nosotros escuchamos en los campos de concentración Nazi, y uno puede tener la tentación de decir que es el demonio. La iglesia siempre... no es fácil de decir que ha sido una situación demoniaca cuando se puede explicar, por decirlo de alguna manera, con la conducta meramente humana; ella no va a recurrir a decir esto fue causa del demonio, cuando puede explicarlo como causa humana, que es que los seres humanos podemos ser malos, podemos llegar a esos niveles de maldad.

Investigador: Somos los únicos animales que matan por diversión...

Padre: Por diversión, y no por necesidad.

Investigador: Cierto.

Padre: ¡Claro! Los niveles, recuerda, nosotros tenemos unos factores hereditarios inconscientes, que son frutos de nuestras experiencias humanas o de las experiencias que recibimos de nuestra familia. Hay un psicólogo clásico que se llama Jun, discípulo de Freud; él decía lo siguiente: «Además del inconsciente personal, hay unos inconscientes colectivos». Todo puertorriqueño tiene un inconsciente colectivo, en el cual están reunidos todos, por decir así, todas nuestras experiencias colectivas como pueblo de estos cinco siglos, y por eso nosotros, los puertorriqueños, tenemos unas reacciones inconscientes que uno no ve, porque uno reacciona ante la vida distinto a un Dominicano, que tenemos cosas colectivas también, o de un Cubano o de un Ruso; y hablamos de eso, y, además del consciente personal, que es una fuerza que, a veces, es negativa, pero hay también un inconsciente colectivo, o sea, que hay explicaciones...

Investigador: Para esa conducta...

Padre: Sí, para esa conducta sin necesidad de recurrir a una... a unos esquemas, como puede ser la reencarnación que, evidentemente, la religión cristiana no lo cree.

Investigador: Entonces le pregunto, ¿usted cree que la sociedad le ha perdido el miedo a la muerte? Le pregunto porque ha habido casos, por ejemplo, mi experiencia propia. Cuando trabajaba en la Policía, yo iba a escenas de asesinatos, y estaba el cadáver ahí, y alrededor y en toda el área, había niños de 5,6, 7 años, observando eso como si fuera algo normal, como si fuera parte del diario vivir, y yo creo, por eso le pregunto, que, si ellos constantemente están viendo eso, le pierden el miedo a la muerte. Esa insensibilidad que ellos tienen, por ejemplo, ahora mismo, en las redes sociales hay videos de decapitaciones y lo que hace el estado Islámico en el oriente medio, y todo eso se difunde en las redes...

Padre: Y se convierte viral...

Investigador: ... Se convierte viral, y, entonces, ¿eso es lo que nos hace insensibles, que la gente no le tiene miedo a la muerte?

Padre: Pues, mira, yo te cuento dos cosas, al menos en la edición electrónica de El Nuevo Día, endi.com, aparece un preso que tiene dos cadenas perpetuas. Ahí tú ves lo que es el proceso de deshumanizarse: mató dos personas en un asalto. Al principio cuesta escucharlo o leerlo, después tú te habitúas porque el ser humano se va acostumbrando a lo malo; como nos acostumbramos a guiar, uno se acostumbra al mal. Yo me acuerdo de que yo tenía una señora que conocí en Italia, yo viví en Italia por ocho años, una mujer, esto es como en la década de los '90, una mujer anciana. Entonces, ella me contaba que cuando nació, ella vivía en el norte de Italia, ella me decía, en Bolonia, que es una ciudad en el norte de Italia, muy campestre, muy de campo, ella vivía en el campo, no había televisión, no había radio, lo único que había era naturaleza, por decir así, y pobreza. Italia, después de la guerra, sufrió mucho de hambre, como los países europeos. Entonces, ella cuenta que cuando empezó a ver la televisión, me decía: Padre, al principio a mí me impresionaba cuando yo veía, incluso en la televisión que mataban a otra persona como mata el vaquero y, al principio me impresionaba, después me habitué, porque el ser humano se habitúa a lo malo. Por eso, evidentemente, la sociedad debe tener como una especie de... como llamada de atención. No nos podemos habituar, y los niños, que van viendo ese bombardeo, y las redes sociales contribuyen a ser cada día más insensibles, entonces, para ellos matar a un perro como a un ser humano da igual y, a veces, no calibran el peligro de muerte que algunas conductas pueden tener.

Investigador: Al contrario...

Padre: ¡Exacto! Porque ahí hay conductas de riesgos, pero, se cumple, casi, lo que dice la escritura. La escritura dice: «El que ama el peligro, en él morirá». Piensa nada más, la conducta, por decir así, peligrosa, de riesgo... eh... insensibilizan, nos podemos insensibilizar.

Investigador: Que se convierten y se insensibilizan a la muerte...

Padre: ¡Uhum!

Investigador: Entonces, le pregunto, Padre, ¿usted cree que la sociedad necesita tener criminalidad? Para crear un balance o algo así necesita. ¿Nosotros necesitamos que exista la criminalidad?

Padre: Eh... fíjate que has hecho una pregunta interesante. Por decir así, que se ha hecho el ser humano desde el principio: ¿Hace falta el mal para que se desarrolle el bien? Es decir, ¿hicieron falta los campos de concentración Nazi para que nosotros desarrolláramos, por decir así, la declaración universal de los derechos humanos? ¿En otro contexto, el ser humano hubiera podido percibir que la dignidad humana debe ser inviolable? Esa es una pregunta que los seres humanos se han hecho y es difícil de contestar. Evidentemente, la realidad es que las situaciones de mal, hacen que nosotros despertemos el deseo del bien, pero, no hacen falta, ¡claro que no! Una familia no tiene que caerse a bofetadas para descubrir que hay que ser pacíficos. Uno puede descubrir que el bien, tiene una belleza en sí mismo que lo hace atrayente al ser humano. Por lo tanto, no hace falta la criminalidad, ¡claro que no! ¡Ojalá que vayamos superándolo, de verdad! Hay cosas de criminalidad, que tal vez como puertorriqueños superamos, pero, hay otras que tendríamos que superar, pero, de nuevo, siempre, la idea del cristianismo es que hay que hacer el bien para vencer el mal. Es un poco la idea.

Investigador: Le pregunto, ¿usted cree que la criminalidad es un negocio?

Padre: La criminalidad es un negocio, sí. Decían antes que el crimen no paga, ¿tú sabes los millones de dólares que se sacan el tráfico ilegal de la droga? Cuando yo escucho, por ejemplo, a algunos hablar de estos que terminan en las cárceles, ellos dicen, lo que le pagan por asesinar a otra persona… eh… cuando uno se da cuenta de que, en Puerto Rico, fíjate estaba viendo ayer, sobre un comentario de un analista económico que mencionaba de las estadísticas sobre la participación laboral en Puerto Rico son menos del 40%; es decir, que de cada 100 personas hay un 60% que no es que está buscando, sino que ya no busca trabajar. Entonces uno dice, ¿y ese 60% de que vive? Claro, esa es la economía subterránea, que una buena parte es la economía de la ilegalidad drogas, etc. y, por lo tanto, se da… como no hay un sistema penal eficaz, pues, sí, el crimen paga.

Investigador: ¿No serán un almacén de delincuentes y de criminales las cárceles de aquí?

Padre: Ese es otro problema que yo he querido afrontar en la reforma del Código Penal, cuando yo intenté poder deponer. Yo me acuerdo de que una de las cosas que yo le decía, es que el mandato constitucional es de rehabilitar, y no estamos viéndolo en las cárceles. Las cárceles se convierten en la universidad de la criminalidad. Salen peor de allí. Entonces a los ambientes de rehabilitación, como por ejemplo, ambientes educativos, ahora le quieren quitar el derecho al voto, yo me opongo, ¿por qué? Porque si tú quieres rehabilitar a una persona, tu tienes necesidad urgente de enseñarle a la persona que vaya asumiendo responsabilidades civiles, como el derecho al voto, como ir a trabajar en la jardinería pública, como limpiar las calles, como arreglar las escuelas, porque ese es el modo en que el ser humano se rehabilita a nivel educativo, creando ambientes carcelarios. Obviamente, las cárceles deben ser ambientes de seguridad pública, porque eso no es un hotel y tienen que ser ambientes de disciplina, y también tiene que tener un aspecto penal. O sea, allí tú no vas para hacer lo que te da la gana. Entonces, ¡claro! Lamentablemente, estamos creando criminales, que salen peor. Por eso, la cárcel nunca es buena y eso es uno de los elementos que, sin duda, tenemos que superar como país.

Investigador: Que, de hecho, la cárcel no está hecha para los criminales, está hecha para todo el mundo...

Padre: ¡Claro!

Investigador: Que, si todos tenemos un criminal por dentro, en algún momento dado podemos caer en ella.

Padre: Puede ser que pasemos por ese hotel.

Investigador: ¡Correcto! Que no lo podemos esconder

Padre: ¡Exacto!

Investigador: Esa es la realidad. Entonces le pregunto, ¿qué usted cree, el castigo fuerte es un persuasivo para los criminales?

Padre: Fíjate que en la reforma del Código Penal, en la que yo intente participar, yo tuve que instruir a los legisladores porque lo hicieron para que no pudiera deponer, pero, se han hecho estudios, en los Estados Unidos, de que el castigo fuerte no es el disuasivo mejor. Sí, lo que se llama, en el sistema penal, el castigo seguro. Es decir, más que la pena, es que tú sabes que te van a coger. Cuando eso no está, entonces, puede ser duro o suave, no va a tener ninguna eficacia como disuasivo.

Evidentemente de nuevo, la pena tiene un aspecto, por decir así, de naturaleza de consecuencia penal, la gente tiene que sufrir la consecuencia de su conducta, pero, también debe tener otros elementos, y yo no creo, ¡de verdad! Hay castigos, hay una cosa que es un mandato constitucional, es uno de los valores sociales de la conquista, que los castigos no pueden ser castigos crueles e inusitados, y yo, por ejemplo, no creo en la cadena perpetua. Fíjate que el Papa Francisco, en un discurso que dio hace un mes, decía que las cadenas perpetuas, sin posibilidad de salir, son, decía, penas de muerte, peor, que las penas de muerte. Eso él decía; las condenas deben tener unos elementos seguridad, rehabilitación, seguridad de la sociedad, rehabilitación de esa reinserción. Por ejemplo, en España, en los sistemas europeos en general, no pueden pasar las penas, me parece, de 30 años, y a cierta edad ya la persona tiene que ser puesta en libertad. Claro, el sistema tiene que asegurarle a la sociedad que esta persona esta rehabilitada y se puede reinsertar, porque es un problema de seguridad, pues, evidentemente, las penas, extenderlas es lógico, porque la sociedad se tiene que proteger; es una de las razones de la pena, pero, yo creo, yo no creo en esas penas crueles. ¡Tú sabes! Yo tengo a un feligrés mío en las Cucharas, de máxima seguridad en Guayama, ¿verdad?

Investigador: En Ponce...

Padre: En Ponce, ¡exacto! Y yo me acuerdo de que le echaron 700 años. Decía en broma que a una Jueza se le dijo lo siguiente; una Jueza le dijo: ¡Mire! ¿Señora?, pero ¿cómo? 700 años, yo no puedo durar 700 años. Y la Jueza le dijo: cumpla lo que pueda, por decir así, cumpla lo que pueda. No...yo creo que eso es una pena desproporcionada, yo creo que, aunque nuestro sistema lo provee, en Puerto Rico se prevé 25 años. Cualquier pena en Puerto Rico a los 25 años, si tú demuestras que estas rehabilitado, puede salir, ¿verdad? bajo palabra...

Investigador:	Por eso es por lo que le da la sentencia de 700.
Padre:	¡Claro!
Investigador:	Son setenta, diez veces…
Padre:	70 veces, ¡exacto! Porque si la persona no ha demostrado rehabilitación, se queda allí. Eso yo lo creo, evidentemente yo creo en eso. Yo no creo en un sistema penal que se convierta en un castigo cruel, yo creo en la libertad y creo en la capacidad del ser humano de redimirse, es que eso es nuestra visión cristiana. El cristianismo nos ha enseñado a pensar, que el Señor dijo en el Evangelio: «Yo no he venido a condenar, sino a salvar lo que se había perdido». Eso que es un valor religioso de nuestra fe cristiana, evidentemente ha revolucionado el pensamiento humano. El cristianismo cree que la gente se rehabilita, por decir así, en ese sentido.
Investigador:	Le pregunto, eso ya lo habíamos mencionado, de los videos en las redes sociales, de las decapitaciones… que hacen las personas más insensibles, eso lo integramos en otras de las preguntas.
Padre:	Sí.
Investigador:	Entonces, ¿a qué atribuye la falta de interés de los jóvenes en superarse? ¿Qué usted cree?
Padre:	Yo creo que, mira, los seres humanos… hay un libro muy viejo que se llama, *El hombre en busca de sentido*, lo escribió un autor que se llama Viktor Frankl, ese fue un siquiatra judío que terminó en la década de los 30' en los campos de concentración, sobrevivió, y escribió ese libro: *El hombre en busca de sentido*. Él dice que la peor enfermedad metal de un ser humano es no tener sentido para su vida humana,

él dice: «Yo superé el campo de concentración, porque yo tenía un sentido de sufrimiento, había descubierto un sentido a mi sufrimiento, y, por lo tanto, yo sufría porque quería ver a mi esposa». Y él cuenta en ese libro el caso de un viejito de ochenta años que había perdido a su esposa de casi sesenta años, y el viejito contaba... el viejito había caído en una depresión profunda; no quería ni vivir. Se lo llevaron a Viktor Frankl, y él cuenta que le dijo el viejito lo siguiente: «Usted imagínese que en vez de amor y de haber muerto ella, hubiese muerto usted. ¿Cómo hubiese sufrido su esposa?». Y dice que eso le prendió el bombillo al viejito, y el viejito dijo: «Ahora entiendo porque yo sufro... yo sufro para que mi viejita no sufra». Dijo, superó la depresión porque encontró sentido a su vida. Esta falta de interés es que no han descubierto sentido. El ser humano, cuando tú le abres el horizonte del sentido descubre, dice, ¡ah, ahora entiendo!, yo estoy en este mundo para servir. Ahora, si tú piensas que este mundo es simplemente para yo tener placer, comer, beber y pasarlo bien, lo único, tú no descubres el sentido mayor de un ser humano, que es buscar la felicidad, no en recibir sino en dar, pues, ¡claro!, vivimos en una sociedad donde los jóvenes que quieren ser ricos. No todo el mundo va a ser rico. Todo el mundo quiere tener a Dayanara, *miss universe* puerto rico, qué sé yo, a Jennifer López de novia. Pero no todo el mundo va a tener a *JLo* de novia; que nos ponen metas que lo que hacen es deshumanizarnos y desanimarnos. No nos ponen las metas, por decir así, que el ser humano descubre, ¡ah, ahora encuentro sentido! Eso es un poco lo que está pasando en nuestra sociedad.

Investigador: Sí, que usted cree del factor la codependencia pública.

Padre: Sí.

Investigador: Se atribuye a eso, de que los jóvenes no tengan la intención de superarse porque la codependencia en este país es: No hagas nada, y obtendrás más beneficios...

Padre: ¡Pues, claro! Imagínate, hay una generación científica, que se le ha dado un nombre: *nini*, esta generación es la generación nini, que ni trabaja ni estudia, se llama nini. El Papa Francisco el otro día lo utilizó, esa es la generación de los muchachos que a los treinta años todavía están en casa, no han terminado un bachillerato, están pegados en la computadora, no trabaja, papá y mamá los están manteniendo. En otras generaciones la idea era: tienes que volar del nido, a trabajar; o sea, que ya eso de estar no... no... no. Dieciocho años, ya hay que empezar a trabajar, hacer tú vida. Ahora vivimos en una sociedad en donde los padres no han sabido destetar existencialmente a sus hijos, y es la generación de la dependencia. Vive de mamá y papá, mami me resuelve todo, papá me resuelve todo, es la generación del nini, con esas características, por decir así, problemática...

Investigador: Y sobre la dependencia social...

Padre: ... ¡Ah!, esa es otra, pero, es que este es un país, fíjate que el puertorriqueño aprendió, culturalmente, lo que nosotros llamamos la cultura de los cupones "estampillas para alimentos". Es decir, es la total dependencia de otro, el gobierno tiene que resolver, ve a los residenciales o viviendas públicas. Los lugares más deshumanizantes en nuestra sociedad puertorriqueña, allí hay gente buena, pero, también gente mala, y nosotros como sociedad tenemos que reconocer, de manera objetiva, los problemas que los residenciales públicos están teniendo. Es una generación de la dependencia, los residenciales no eran para vivir permanentemente, los residenciales eran una etapa transitoria; por eso ningún residente tiene título de propiedad, porque la idea era esa. El gobierno te ayudaba para que comenzaran a evolucionar, para que eventualmente se pudieran desarrollar de manera productiva, pero se han convertido en lugares en donde, por generaciones, las personas se perpetúan allí. Con beneficios adicionales como, por ejemplo, la luz casi me la pagan, el agua casi me lo pagan, aquí si necesito alguna otra ayuda la solicito.

Investigador: No pagan renta...

Padre: ¡Exacto! No pago renta, etc....

Investigador: Y se heredan los apartamentos.

Padre: Sí, se heredan los apartamentos. Esa serie de cosas hacen una sociedad de la dependencia, pero, no solamente los residenciales. Este es el país de la dependencia, todo con la ayuda de la iniciativa privada, como sociedad, pero sí tienen un sentido de superación personal de no querer depender de nadie. Eso, lamentablemente, nosotros no lo estamos viendo...

Investigador: No lo tenemos... ¿Quién, usted cree, se beneficia de que exista este mal social?

Padre: Pues, yo creo que los que quieren ostentar el poder. El poder como fin en sí, y no para servir. Pues, claro, si tú tienes a alguien que dependa de ti, puedes ejercer poder sobre él. Si la vida y la muerte depende de mí, y yo te tengo en mis manos, muchacho, yo quiero que sigas dependiendo de mí. Por lo tanto, promueve eso, y por eso, la conducta de algunas agencias públicas a lo largo de todo esto ha sido que las personas, cada vez más dependan del gobierno. En todo, en educación, en todo; o sea, es una cosa de que las personas giren en torno al gobierno, porque así los que quieren ostentar el poder pueden perpetuarse en ello. Le dan una nevera, le resuelven todo, etc. Este es el resuélvelo todo. Me acuerdo de que una vez el alcalde de Guaynabo, que es amigo mío, me contaba que él fue durante una campaña electoral, de reelección, fue por unos perritos y las personas, por uno de los barrios, y la gente decía: ¡Alcalde, si usted no me trae una nevera no voy a votar por usted! Fíjate que mentalidad...

Investigador: La gran codependencia...

Padre: La codependencia que tienen las personas.

Investigador: Y realmente eso es un problema... Entonces le pregunto, Padre; tenemos las últimas dos: ¿Hay algún problema social o problema de salud mental, más grave de lo que nosotros pensamos?

Padre: Yo creo que este un país que tiene los problemas de salud mentales serio. Imagínate, la violencia que tenemos en este país, o sea, que no tenemos capacidad de controlar nuestros impulsos, es un problema de salud mental. O sea, los seres humanos tienen opiniones diversas sobre muchas cosas, pero, uno no termina matando al otro porque yo pienso distinto, porque imagínate, el desequilibrio mental de un hombre que no puede entender que la mujer no es una propiedad. Sin embargo, se relaciona con la mujer en forma de propiedad. El machismo deshumanizante, y la mujer se siente que es mercancía de su marido porque esto es doble; o sea, el machismo no solo es del macho, es también de la mentalidad de la fémina que es deshumanizada por esa cultura. Y son problemas mentales que van surgiendo, yo veo, por ejemplo, el descontrol que los niños tienen, lo veo en la iglesia cuando vienen los domingos, los padres no son capaces de controlar a sus hijos que tienen una; o sea, una hiperactividad que uno dice, ¡Dios mío!...

Investigador: Antes no se veía tanto.

Padre: ¡No! En mi época no y, además, me metían una pela que la próxima ya yo no lo hacía más, había un sentido de disciplina, de autocontrol que ahora eso es imposible, y eso ha llevado a una generación de enfermos mentales que no pueden controlarse, porque el niño que no se controla en un lugar público es el mismo que mañana le va a caer encima a la mujer porque no va a poder controlar sus impulsos, ¿entiendes?

Investigador: Sí.

Padre: Por lo tanto, estamos en una sociedad enferma. Que, claro, no es una enfermedad de estar tomando pastillas, es una enfermedad mental en la que nosotros tenemos que afrontarlo con terapias educativas que vayan cambiando patrones y conductas tan erróneas, no sé, así lo veo yo.

Investigador: ¿Qué se le atribuye, que a los miembros de la sociedad se les ataque con cosas tan negativas, como, por ejemplo, apropiarse de lo ajeno, y en caso sin necesitarlo y usar drogas, etc.?

Padre: Explícamelo, más o menos para que yo pueda entender tu pregunta.

Investigador: A qué se le atribuye que, a las personas o los miembros de la sociedad, les sea atractivo apropiarse de lo ajeno o de realizar actos delictivos, ¿cuál cree usted que puede ser la causa?

Padre: Yo creo que un país de la pobreza, como estamos viviendo en las que se nos están poniendo unas metas desequilibrantes, por decirlo así, en la que los seres humanos se nos dicen, sé rico para ser feliz, o las personas se meten por el camino de los placeres deshumanizantes, como el alcohol, la droga, pues, evidentemente eso lleva a una carrera delictiva, porque, ¿cómo tú puedes llegar a esa meta de tener un carro último modelo y pagarlo *cash*? Pues, solamente robando y matando, ¿ves? Y yo creo que eso es importante como sociedad, que nosotros reconozcamos que esta carrera delictiva en Puerto Rico es fruto de esa irresponsabilidad, por decirlo así, por ahí lo veo yo.

Investigador: Más o menos...

Padre: Más o menos…

Investigador: Esa es la idea de esta investigación, porque lo que yo estoy tratando de entender, es cómo algunas personas se comportan en la sociedad.

Quinta Entrevista:

Exconvicto- federal, coronel de la Policía de PR el Sr. Alejandro "Alejo" Maldonado y escritor de varios Libros

Investigador:	Porque la idea de esto es tener una respuesta sana. Como miembro de la sociedad. Yo establecí como unas quince o dieciséis preguntas, y entre ellas, le expliqué, que estoy haciendo un trabajo investigativo sobre la conducta antisocial de los seres humanos en nuestra sociedad, y otros comportamientos que a veces visualizamos como una conducta normal, pero otras personas lo ven como anormal, y que no es aceptado por la gran mayoría de personas en nuestra sociedad, incluyéndome.
Primeras preguntas:	¿Qué opina usted cuando ve a un niño, o varios, maltratando a unos animales indefensos, y mientras lo hacen lo graban y lo *postean* o colocan en las redes sociales, como si fuera un acto de diversión?
Excoronel:	Pues, mira, yo lo veo como una manifestación de violencia temprana que, de no ser detenida, va a conllevar a otro tipo de violencia posteriormente. Yo te lo digo, porque en realidad es así. En el barrio en que yo me crie, cogían los sapos o ranas y les ponían petardos o pequeños explosivos en la boca; a los gatos le amarraban latas en las colas y los ponían a correr, a los perros les hacían barbaridades y esos mismos muchachos, temprano en su vida, ya a los quince, dieciséis, diecisiete años, eran los que estaban dando puñaladas, o tirando tiros y cometiendo otros crímenes. Para mí, el maltrato de animales es una manifestación

temprana de una violencia que posteriormente se va a manifestar en otras direcciones que van a ser peores.

Investigador: En otras direcciones, ¿verdad? Entonces, le pregunto, ¿qué opina usted sobre la sensibilidad? Porque a veces, uno ve esos casos, como que uno piensa, ¿esos jóvenes tendrán sensibilidad? O es que, la sensibilidad se aprende o uno nace con eso.

Excoronel: Fíjate, yo no creo que la criminalidad sea una cuestión hereditaria, de que tu naces con ella, es más bien una cuestión del ambiente, y ese tipo de insensibilidad que se demuestra es parte del ambiente donde está; la gente lo está aprendiendo, lo están viendo en otros lugares y, pues, lo aprenden en unas formas y lo pueden proyectar de otra. Que no hay que ser inteligente, que ese grado de insensibilidad o abuso o maltrato en otros niveles, quizás, a lo mejor, en la casa todos los días mataban a un gallo. En la semana, pues, veían a la abuelita que cogía y la agarraba por el pescuezo y le daba vueltas, pues, después lo sigue manifestando. O sea que, yo creo que es aprendido, yo creo que es el ambiente en el que van creciendo. Esos detalles sobre la persona, esos estímulos, que son malos, pero que son estímulos.

Investigador: Y la cuestión del odio y la avaricia, ¿también es lo mismo? Desde su punto de vista.

Excoronel: Para mí, todo eso es aprendido y parte del medio ambiente. Pues, la avaricia, el odio... es una cuestión de cómo esa persona padeció algún grado de inequidad o algún grado de insuficiencia y, pues, ellos ven lo que otros tienen y otros no ven, y ellos no lo tienen y, pues, lo manifiestan de esa manera. Yo creo que cuando está de desnivelarse en otros niveles, pues, se nivelan y se pasan, esto no tiene freno... no tiene freno, porque es parte de lo mismo, tú tenías más que yo, yo tengo lo mismo que tú, mañana voy a tener más que tú. Y yo creo que eso es parte de todo.

Investigador: ¿Qué usted opina de esto, excoronel? Todo ser humano tendrá algo de criminal por dentro, y que de cierto modo este dormido y en un momento dado despierta. Porque ha habido casos de personas que no aparentan tener ningún desajuste mental y son profesionales exitosos que viven en comunidades privilegiadas, y que sus vecinos no se imaginarían que pudieran cometer algún acto delictivo. ¿Qué usted cree de esto?

Excoronel: Bueno, todo ser humano, pues, todo... todo ser humano está sujeto a reacciones violentas, todo ser humano y, pues, cuando digo violentas, son acciones que se salen de lo que es normal, que eso lo hizo hasta Jesucristo cuando entró al templo, que lo que hizo Jesucristo fue molestarse, sacar la gente que estaba allí invadiendo el lugar, pero, en otras personas depende el grado de estímulo.

Te voy a hacer un cuento largo corto, mira, nosotros lo que hacíamos, pues, estaba mal hecho, pero lo hacíamos. Nosotros teníamos un trato especial con los violadores allá en nuestro trabajo, y cuando nosotros cogíamos a los violadores.... nos asegurábamos primero que eran la persona que habían estado envueltas en el incidente, y le dábamos un trato violento especial. Yo no sé si tú leíste mi libro alguna vez, menciono ejemplos de eso, y nosotros teníamos a una persona que era uno de los críticos de nuestras acciones más grande que teníamos; era un coronel que había trabajado en Inspectoría, y después estaba en Operaciones de Campo, y en una ocasión se me acerco y me dice: «Mira, "Alejo", tú eres mi amigo y todo, pero, yo sé lo que está pasando cuando llevas personas que han violado mujeres. Nosotros sabemos lo que está pasando, y si los cogemos les vamos a radicar cargos y los vamos a botar a todos». Y yo le dije: «Mire mi hermano, lo que se hace allí se hace allí, y yo te garantizo que tú no vas a llegar nunca donde estemos nosotros entrevistando a los violadores». Pero se quedó eso en el ambiente. Cada vez que me pasaba por el lado, movía la cabeza como un afirmativo, yo sé que sigue la cosa.

Pues escucha, yo te voy a decir, en una noche, en una madrugada, como a las dos de la mañana, yo recibo una llamada en mi casa, y a mí me llaman, normalmente, para informarme los hechos que fueran más sobresalientes, y el director me dice, mire, se metieron a la casa del coronel fulano de tal y está allá desesperado, y lo que pide es que usted vaya allá a verlo, y yo le dije: «Pero, ¿qué pasó?» «Hay un problema con la hija de él». Pues, yo me monté en el carro y llegue al área de Bayamón, no me eché ni media hora de Caguas hasta allá.

Cuando llegué, el coronel estaba, pues, bien malito, pregunté a los que estaban afuera y me cuentan: mira Alejo, se metieron tres individuos, sacaron una ventana de atrás de la casa, entraron, llegaron al cuarto de la hija del coronel, la sacaron por la misma ventana, se la llevaron a una loma que había detrás, y allí acabaron con ella hasta la madrugada. «¿Qué, qué?». Acabaron con ella, hubo violación, hubo actos contra natura, hubo laceración de los genitales, hubo de todo con ella; y a la muchacha la tienen en el hospital en una condición bien malita, y yo... ¡guau! Pues, entré, entonces, él estaba allí en el balcón... el coronel... me cogió por una mano, no me hablo, y siguió conmigo para el patio, y me dijo: «Alejo, te voy a pedir un favor». Y yo le dije: «Dime». «Mira, cojan a esta gente, mátenlo, si pueden llámame a mí que yo voy a hacer uno de ellos».

Bueno, lo que yo con eso te quiero decir es que ese fue el estímulo de ese individuo para sacar las manifestaciones de rabia, por lo que habían hecho con su hija, y que todo ser humano puede sacar en algún momento. Yo creo que no hay ninguna persona que pueda decir que no tenga una reacción violenta que después dice, ¡guau! Se me fue de las manos, o casi se me fue las manos. O sea, que el potencial lo tiene todo ser humano para cometer un acto violento, y ya tú lo ves que se los llevan para la guerra y los entrenan, y tú ves cómo, no matan ocho, matan a cincuenta, porque los entrenaron para eso. Desde luego, los preparan y el estímulo que le dicen es que estás defendiendo la Patria, te estás defendiendo tú, tienes que hacerlo o te lo hacen a ti. Pero, por lo menos lo tienen, es la realidad, yo creo que sí, que todo ser humano tiene un potencial de actuar violento, y es cuestión de cómo lo puede controlar y cuál es el estímulo, hasta qué grado puede llegar.

Investigador: Sería como un interruptor que se activa en cualquier momento ...

Excoronel: Es un interruptor, sí... que algunos nunca tendrán la oportunidad de prender, pero han tenido la oportunidad de casi prenderlo. Yo creo que a cualquier ser humano que tú le preguntes, que te hable, que conteste con honestidad, te va a decir: *sí, yo en un momento dado.* Y es lo que yo te digo, tú puedes estar tranquilo en una casa... este... yo tengo un caballero que trabajó conmigo en los programas de televisión, y ese individuo estuvo tres años trabajando y yo sé el individuo comedido que era, cómo él trataba de dentro del ámbito de lo que es honorable, *so, so, so.* Pues, mira, hace poco tiempo, unos dos años atrás, se le metieron... él se despertó en su cuarto y tenía tres individuos sentados en su cama, y lo cogieron, lo tiraron al piso, y cuando él se quedó boca abajo, le dijeron no, no, no levántate y vete, siéntate en la esquina de allá, él se sentó en la esquina del cuarto, él se tapó la cara y le dijeron no, no abre los ojos y déjalos abiertos, y el vio cuando le violaron a la esposa. Cuando yo hable con ese individuo, pues, tu podrás imaginar el deseo que él tenía...

Investigador: Sí, me imagino...

Excoronel: El deseo que él tenía era localizar a esos individuos, y como él mismo me dice, si yo hubiera tenido un arma, yo los mato, a los tres. O sea que, el estímulo fue el hecho... uno lo entiende. Así que, esa es la realidad.

Investigador: ¿Y será normal que la sociedad pueda justificar una acción como esa? Porque uno lo puede ver desde su punto de vista, como si le ocurriera uno; pues mira seria normal que él reaccione así y los mate.

Excoronel: Mira, la sociedad lo ha justificado cuando ha creado leyes, por ejemplo, la de defensa propia.

Investigador: Ok.

Excoronel: Tú puedes ser el individuo más *cool* del mundo, más amable del mundo y la misma ley te dice a ti que si tú sientes que tu vida está en peligro, y que tienes a alguien que te va a atacar, tú puedes matarlo. Que la misma sociedad ya ha reglamentado eso.

Investigador: Eso es un ejemplo claro de eso.

Excoronel: ¡Uhum!

Investigador: Entonces, le pregunto, ¿qué usted puede decir del término de sangre fría? ¿Eso realmente se nace, o una persona puede desarrollar el tener sangre fría?

Excoronel: Eh... no. a sangre fría es entrenamiento, o sea, que sin entrenamiento... eh... yo tuve gente conmigo... que... este... pues, llegábamos a una escena, al principio, y se mareaban o devolvían, o se ponían bien malito. ¡Tú sabes! Y, después, con el transcurso del entrenamiento, las experiencias que tenían malas y de entender el trabajo que hacía, pues, ya podían manejar un cadáver. Yo recuerdo uno que, cuando fuimos a ver la primera autopsia, vomitó y se mareó y, como seis, siete años después, estaba conmigo bajando un cadáver del techo de la casa de un fiscal que tenía agua, y él se trepó a podar un árbol y estaba electrificado; había un cable, se electrocutó y allí se quedó, y cuando lo encontramos ya estaba en un estado de putrefacción bien avanzado. Nosotros fuimos a montarlo en una camilla para bajarlo por unas escaleras de bomberos; él se quedó con un brazo completo en las manos y yo con el otro, cuando lo fuimos a levantar.

Investigador: ¡Wuau!

Excoronel: Y lo más tranquilo que él me dice: ¡guau! Mira como está, ¿cómo lo acomodamos? Le dije, vamos a meterle por debajo de una bolsa para poder levantarlo. O sea, que el entrenamiento... la sangre fría es entrenamiento.

Investigador: Ok.

Excoronel: Y eso, ¿verdad? Lo mismo que en las fuerzas armadas tú lo ves, en la policía tú lo ves también, en los muchachos que trabajan en la fuerza de choque "antimotines" y todo, esto me vas entrenando, me vas enseñando una tarjeta, le disparas siempre a la cabeza, esto y lo otro, se practica tanto que cuando llega el momento, se hace.

Excoronel: Esa es la realidad.

Investigador: Eso es memoria muscular, se convierte automático, surge la situación y uno dispara.

Excoronel: Por eso, ¡uhum!

Investigador: Entonces, le pregunto, ¿usted cree en la reencarnación? Por ejemplo, le hago esta pregunta porque se han visto caso de individuos que han cometido algún crimen y que han actuado como criminales hasta de un siglo pasado, y dicen que sintieron que no eran ellos ...

Excoronel: Yo no creo en eso, no lo creo.

Investigador: No, no cree, y en casos que se han visto de niños desde muy pequeños actúen de manera malvada y con gestos idénticos con algún criminal serial de muchas décadas pasadas, y otra gente puede decir que alguien reencarnó en él...

Excoronel: No, pero, no, yo no creo en eso, en ese pensamiento humano, yo no creo.

Investigador: Ok. Entonces le pregunto, ¿usted cree que la sociedad ha perdido el miedo a la muerte?

Excoronel: No... este... se han insensibilizado, fíjate, este... hay tantos actos repetidos que ya las personas lo ven como algo común, eh... creo que es uno de los males que tenemos ahora mismo en la sociedad y que se sigue repitiéndose; tanto y tantas muertes y violaciones y todo, ya las personas lo ven tanto que no le prestan ni atención ¡Tú lo ves! Y pasan hasta la página. Yo me he fijado, gente con el periódico en la mano, la primera página tiene un acto violento y cuando miran lo que hacen es, pasar la página, y la pasan muy tranquilo. Por eso es, que yo creo que sí, si hubiera otro periódico, como el Vocero en su principio, que en todas las portadas había un muerto... ¿Te acuerdas de eso?

Investigador: Sí, me acuerdo.

Excoronel: Porque ya la gente, la sociedad se ha acostumbrado a eso.

Investigador: Esta situación los obliga a convertirse en insensibles, ¿verdad?

Excoronel: ¡Uhum!

Investigador: Entonces, le pregunto, ¿la sociedad necesita tener criminalidades? ¿Usted cree?

Excoronel: ¡Perdón!

Investigador: ¿Usted cree que la sociedad necesita tener criminalidad?

Excoronel: No es que necesite tener criminalidad, pero, siempre va a haber criminalidad, mientras haya un ser humano en la tierra. El problema es que la criminalidad, pues, la ejecutan los seres humanos. Ellos no son perfectos, son imperfectos, tienen sus fallas de desarrollo, fallas de comportamiento, fallas de salud, como pueden ser problemas mentales, deficiencias cerebrales, que pueden propender a eso. Eh… siempre lo vas a ver, yo creo que lo único que la sociedad puede aspirar es a controlarla lo más posible, pero, nunca se va a acabar; como yo digo de la corrupción, nunca se va a acabar mientras haya un ser humano en la policía, en el gobierno, dondequiera, porque es algo que está en ellos, ¡tú sabes!

Investigador: Y puede ser un negocio, ¿verdad? La criminalidad.

Excoronel: Este… bueno, ahora mismo es un negocio por muchos lados, por eso es que hay alarmas, por eso es que tú tienes la escuela, por eso es que hay un montón de cosas, y es negocio desde muchos lados, desde el punto de vista.

Investigador: Entonces, el castigo fuerte, ¿usted cree que es un disuasivo para los criminales o no? Lo de la mano dura….

Excoronel: Depende, sí, depende. Yo creo que el ser humano es un buen consejo, un buen ejemplo. ¿Cuál es el ejemplo de eso? Pues, depende, ¡tú sabes! Depende, pero, si se debe ser consistente, y se debe ser recio, que la gente vea. Oye, ¿a la verdad si uno hace eso, paga? Aunque eso no es un detente para las personas, ¡sabe! Hay personas que cometen un delito y no le importa que vayan; oye si hago esto me electrocutan, después lo hacen, y lo hacen porque el estímulo que tienen en ese momento, pues lo hacen echar a un lado eso otro, y eso preocupa...

Investigador: No miden las consecuencias, antes de cometer los actos.

Excoronel: ¡Por eso!

Investigador: Sí. Ok.

Excoronel: Es la realidad.

Investigador: Entonces, ¿por qué usted cree que la sociedad idolatra a los grandes criminales? Por ejemplo, como la serie que se dio de Pablo Escobar, y eso, que son series que la sociedad conoce que fue una persona que ocasionó mucho daño y, sin embargo, para otras personas es un héroe, es un símbolo y un estímulo para imitar de muchos jóvenes.

Excoronel: Porque la sociedad nuestra padece de algo que yo le puse un nombre, es un título, yo lo he definido en un montón de ocasiones: el síndrome del héroe y el villano. La sociedad nuestra padece de eso, lo vemos de una manera sencilla cuando, por ejemplo, un policía detiene a un delincuente en la calle, el delincuente, pues, de alguna manera o el gente de alguna manera, se estimula para forzarlo, someterlo a la obediencia con violencia, a lo mejor tiene que darle un palo, un tiro... este... tiene que tratarlo un poco fuerte, y esto, normalmente, ves a la prensa primero que nadie, y el resto de la gente proyectando al criminal como el héroe y al Policía como al villano; o sea, que la gente se identifica con los villanos.

Investigador: Y, lo ven como héroe...

Excoronel: ¡Exacto! Y lo vemos a diario. Y yo lo explico de una manera: fíjate, tú vas a ver una película en cine donde el muchacho malo roba, roba y roba, y al final, no quieren que lo cojan…

Investigador: Cierto.

Excoronel: Las personas no quieren que lo cojan.

Investigador: Es verdad.

Excoronel: Como que eso está en las personas, en un síntoma; para mí, es un síndrome, donde las personas tienden a identificarse con los villanos en bastantes ocasiones.

Investigador: Y usted opina, sobre el factor de la codependencia, que tienen algunos sectores o comunidades que dependen del gobierno, que viven de ayudas sociales. ¿Esto influye o contribuye en algo? Porque no le dan el estímulo para que esos jóvenes o esa comunidad quieran salir de esta área o situación. De ese núcleo.

Excoronel: Bueno, estimula el estancamiento en los lugares, pues, porque no les importa salir de donde están mientras me estén manteniendo y no tengan ningún gasto en particular, ¡tú sabes! Para mí, se ha extralimitado la ayuda del gobierno y no está bien enfocada, y, pues, yo te digo, porque lo sé por experiencia. Yo conozco gente que viven del cuento; o sea, del gobierno, cogen el seguro social sin estar malos, cogen ayudas para alimentos, ganando dinero, cogen hasta teléfono celular pudiéndolo pagar, y, por otro lado, tú los ves que tienen un carro nuevo a nombre de él o a nombre de otra persona que tiene dinero guardado, y en Puerto Rico eso es una desgracia, yo te diría, el

	mantener tanta gente es una desgracia, aquí se debe estimular el ir a trabajar, y no fomentar esa codependencia.
Investigador:	¡Qué es tan así, que una vez salió un reportaje en el Nuevo Día que afirma que más de un 60% de la de la población depende del gobierno. Eso es algo desproporcionado.
Excoronel:	... bueno, yo escuche que arriba allá, en Jayuya (un pequeño pueblo en Puerto Rico), por allá arriba del 90% de la población coge cupones de alimento (ayuda de alimento), y yo te garantizo que de ese 90% el 85% tiene finquitas o terrenos y se buscan el dinero sembrando plátanos, guineos, esto, lo otro, y que se están buscando el dinero. Pero, como son ingresos que no se pueden identificar, pues, todo el mundo abusa de eso.
Investigador:	Eso es la economía subterránea.
Excoronel:	El mantengo es un problema en Puerto Rico, se enfoca, no se utiliza ni se enfoca en donde debe ser, yo creo que sí.
Investigador:	¿Quién usted cree que se beneficia de que exista este mal social?
Excoronel:	Los políticos, los que se benefician son los políticos, que sirven para su juego político, que la misma gente dependiendo de ellos, para ellos poderlos manipular y manejar de la forma que a ellos les den la gana. Yo te diría que este mal existe por cuenta de los políticos nuestros.
Investigador:	¿Y usted cree que Puerto Rico, la sociedad, tiene un grave problema de salud mental?

Excoronel: Si, aquí el problema de salud mental es alto, es altísimo, más de lo que la gente se imagina si consideramos que nosotros tenemos un nivel de violencia más alto de lo que debía haber aquí. Y tú lo ves en la calle, la gente te saca el dedo, te hablan malo; en una luz, en una intersección, las personas quieren hacer lo que le da la gana, y aquí, hay un nivel de incidencia más alto que el que debiera haber.

Investigador: Y cada vez sigue aumentando, ¿verdad?

Excoronel: Sigue aumentando más y más, pues, como yo he dicho, aquí hay un desenfoque total en cómo el gobierno debe ver la criminalidad. Aquí el gobierno ve la criminalidad como un acto que ocurre y que tiene la policía la responsabilidad de controlarlo y manejarlo, y ellos no están manejando la fase de la criminalidad. Si ellos entendieran que la criminalidad es un problema de papá y mamá, del principal y el maestro, del sacerdote o el ministro, del líder recreativo, del líder social, del líder que se dedica a crear empleos, y de tantas otras cosas que tienen que ver con la criminalidad en Puerto Rico, pues, el gobierno trabajaría cada cosa de estas, y entre esos, pues, la policía, y como yo digo, el trabajo policíaco, en cuanto a la criminalidad, es una aspirina, es un analgésico. O sea, aquí dicen que el trabajo anticrimen que tiene la policía es necesario, pero, el jefe de la policía no puede tener un plan anticrimen, porque él no tiene acceso, ni control, ni expertos, ni tiene ninguna destreza, ni poder para manejar las causas de la criminalidad.

Entonces, ¿cómo un Jefe de la Policía te va hacer un maldito plan anticrimen? ¿Para manejar qué, los problemas de disfuncionalidad que hay en los hogares? Si él no se puede meter en los hogares. ¿Para manejar los problemas que hay en las escuelas? Si él no tiene jurisdicción en las escuelas para meterse en eso. ¿Para meterse en las iglesias? Él no puede meterse en la maldita iglesia tampoco. ¿Para meterse con la inflación de la economía que crece? Él no puede meterse allí. ¿Para meterse con los líderes comunitarios? Quizás un poquito con ellos, pero, en el resto de las cosas, él no puede meterse.

Entonces, ¿cómo él va a hacer un plan anticrimen si él no puede manejar los factores que inciden el crimen? Eso es un disparate que los gobiernos promueven, practican y repiten, que la prensa repite porque son unos animales. Eh... copiar los disparates de los gobiernos, no conocen lo que pasa en la sociedad, y cuando tú le dices, la gente se hace enemigos de uno.

Yo tengo miles de enemigos en Puerto Rico, en la política, en un montón de sitios por eso mismo, porque yo les digo las cosas como son. Y yo los invito, a todas esas personas, vamos a sentarnos y a discutirlo públicamente, pues, y el público, pues, adjudique quién está diciendo lo que es correcto o no. Y mientras eso sea así, aquí la criminalidad va aumentando, porque el gobierno no la está manejando ni enfrentando. ¿Por qué? Porque, mira, la generación actual está perdida, la generación que está desarrollándose esta casi perdida, quiere decir que un plan anticrimen que venga a bregar con la segunda generación o la tercera va a tomar ¿cuánto, diez, quince años? Nosotros, ahora, mismo empezamos a bregar con todos esos factores y vamos a empezar a ver resultado en ocho o diez años, y ¿cuánto tarda el gobierno en el poder? Cuatro años, por lo tanto, al gobierno no le interesa porque no va a tener el resultado que le favorezcan a ellos, y es por eso que lo ignoran, tú lo dices, y la gente en la calle no lo entiende, y los políticos no lo entienden, la prensa no lo entiende, porque siguen el baile del gobierno, ese es el problema que tenemos. Y mientras estemos así, pues, todo el mundo sigue repitiendo el disparate aquí.

Investigador: ¿Y qué usted cree de la forma en que miden, cuando dicen que la criminalidad está bajando porque mataron cinco menos que el año pasado para esta fecha?

Excoronel: Yo lo he dicho públicamente, eso no es así, la criminalidad no baja por eso, de hecho, cuando aquí se adjudica el jefe de la policía, el gobierno de Puerto Rico, de la baja en las muertes, es lo único que ha bajado, no es una labor que le corresponde a ellos adjudicárselas, eso es por obra del gobierno Federal, el FBI, que han sacado a los verdaderos criminales y gatilleros a la calle, y la cárcel federal de Guaynabo llena de criminales, listos todos para llevárselos para las prisiones de Estados Unidos. Esos son a los que hay que darles el honor de que hayan bajado las muertes, a esos. Pero, el resto de la criminalidad ha crecido.

Mira, yo tengo una campaña de un libro que sale en esta próxima semana, que yo escribí, sobre el robo domiciliario, y ellos lo han negado. Yo vengo hablando de eso hace tres años y ellos siguen negándolo, y esta semana el jefe de la policía tuvo que admitir que se han multiplicado los robos domiciliarios, y va a seguir aumentando y yo tengo las razones del por qué y todo, ¡tú sabes! Pero, ellos los siguen ignorando, ¡tú sabes! Aquí todo es un juego político; el gobierno, todo es político. Aquí no se maneja con seriedad ciudadana ni nada, todo es por beneficio político.

Investigador: Aquí una parte de los políticos quieren es lograr su sueño personal y no ejercer su función para lo que fueron electos, que es trabajar para el pueblo.

Excoronel: Cada uno adquirir el poder, adquirir gloria, y aprovecharse, enriquecer a los amigos, buscarse esto y lo otro, y eso es todo, aquí no hay nada más.

Investigador: Sí. Porque no tiene principios ni valores.

Excoronel: Y este es el país que tenemos.

Investigador: No, y que no tiene sentido de que, porque te digan, que murieron cinco menos que el año pasado para esta fecha, ya uno dice que la criminalidad ha mermado. Se supone que no se asesine a nadie.

Excoronel: Yo lo explico de una manera más sencilla; teníamos 1,000 muertos, ¿ok? Pues, que a ti te cogieron, te arrinconaron en una esquina, y en vez de darte cien buenos cantazos por la cabella, te dieron ochenta y cinco, pues, ahí no hay diferencia porque con ochenta y cinco son más que suficiente...

Investigador: Sí...

Excoronel: Y, si te dan cincuenta, van a ser más, es mucho todavía, o sea, que no es una cuestión de que no todo está mal, embuste, no está mejor nada. Oye, uno que está en la calle, que conoce gente de un lado y del otro, uno sabe cómo está la calle. Está peligrosa...

Investigador: Es cierto.

Excoronel: Entonces, aquí las personas dicen: ¿Qué es lo que está pasando? Bueno, que está la calle llena de delincuentes.

Investigador: Le están dejando el país a los delincuentes y a las personas envejecientes.

Excoronel: Así mismo es. Esa es la realidad en Puerto Rico. Los que tienen descuentos, los maleantes y las personas mayores; eso es lo que se está quedando en Puerto Rico.

Investigador: Tristemente esa es la realidad.

No sé si se dieron cuenta de lo que mencionaron algunos de los entrevistados en el caso de Guaynabo. Les comento, es un caso que conmovió a la comunidad y la sociedad en Puerto Rico. les mencionaré brevemente los hechos, sin entrar en detalles técnicos. Solo para los que no conocieron el caso. Este hecho se convirtió en la séptima masacre del año, cobrando la vida de cuatro miembros de una familia, ultimados a balazos sin piedad, y sin duda ha acaparado la atención del mundo entero.

Una familia entera, su padre: Miguel Ortiz Díaz, un exsargento militar de 66 años, retirado del Ejército de Estados Unidos; su esposa: Carmita Uceda Ciriaco, de 45; el hijo mayor de la pareja: Michael Ortiz, de 15 años; y la suegra del exmilitar: Clementina Ciriaco, fueron asesinados a sangre fría por unos maleantes. El menor, de trece años, todavía se cuestiona cómo él sobrevivió del incidente. Él fue apuñalado y golpeado. Como si fuese poco, lo lanzaron por un puente de una altura de cuarenta pies, y está vivo para contarlo.

"Una escena bien difícil y macabra. Todos los asesinatos son tristes, pero cuando es una familia asesinada es bien difícil. Del modo que lo hicieron, no tienen ningún respeto por la vida humana".

Christopher Sánchez Asencio y José Luis Bosch Mulero llegaron a la residencia a eso de las 9: 00 p.m. y obligaron a la familia a arrodillarse en la sala de la casa. El menor, de trece años, el único sobreviviente, vio cuando mataron a su padre de un tiro en la frente, luego a su abuela y a su madre. Los menores sobrevivieron ese momento porque el arma se les trancó, por lo que recurrieron a secuestrarlos y llevarlos a otra área.

Es así como el menor recuerda cómo fueron transportados por toda la Carretera PR- 177 hasta que llegaron a la Carretera PR- 174 en Bayamón. A su hermano de quince años lo mataron de un tiro en la nuca, no sin antes que el menor lograra despedirse. El policía Nelson Méndez, adscrito al cuartel del barrio Guaraguao - entre Guaynabo y

Bayamón, asegura que está marcado de por vida. En exclusiva con El Nuevo Día, este narró el momento en que llegó a darle los primeros auxilios.

Este relató que el menor le contó que «Cuando están de rodillas, el hermano menor les dice a los adultos: "No lo mates, por favor que él cumple años hoy". Luego ese menor le dijo a su hermano mayor: "Perdóname por todas las maldades que te hice. Te veo en el otro mundo"». Declaró al diario puertorriqueño el agente Méndez.

Sin poder responderle a su hermanito, los sicarios le quitaron la vida. Intentaron dispararle al menor y se quedaron sin balas, lo apuñalaron y lo lanzaron por un puente, al pensarlo muerto. La noticia recorrió el mundo entero y relatan cómo una familia peruana, de donde eran procedentes la madre y la abuela, fueron masacrados a sangre fría.

En sus últimos momentos, la madre, Calmita Uceda Ciriaco, les pidió a sus hijos que no dejaran de rezar. Así lo hicieron los menores mientras eran transportados por Christopher Sánchez Asencio y José Luis Bosch Mulero para ser asesinados. Cuando el menor fue lanzado del puente, por suerte o por un milagro, no cayó en las piedras sino en un talud. Allí permaneció sin aire y adolorido hasta que, según relató el agente, algo le dijo que se levantara, escaló a través de la maleza y llegó hasta una casa cercana.

Ensangrentado, descamisado y en medias llegó hasta una residencia, en la cual tocó incesantemente mientras lloraba sin consuelo. La herida punzante en el cuello y sus laceraciones en el cuerpo eran evidentes.

Vía telefónica, en El Relajo de La X, la persona que ayudó al sobreviviente de la masacre Guaynabo relató el momento en que el menor llegó a su casa. «El niño no temblaba, él brincaba. Estaba, como decimos en mi barrio "desbaratado". Sangrando por la boca, tenía un rallado en la parte de atrás del cuello como de un cuchillo», confesó el hombre, quien decidió mantenerse en anonimato. El menor le dijo el nombre de los atacantes mientras era entrevistado a través de una ventana, pues el hombre no se atrevía abrir la puerta de su casa.

«Mataron a mami, mataron a papi, mataron a mi abuela y mi hermano está muerto, allá atrás con un disparo en la cabeza», recordó el dueño de la casa, mientras se le entrecortaba la voz.

Lo cataloga como «un milagro de Dios».

Tanto el agente como el hombre dueño del hogar al que llegó el menor, recuerdan cómo el joven corrió hacia el auto pidiendo auxilio en cuanto vio a la policía. Méndez recuerda cómo lo primero que le dijo el menor fue: «Gracias por rescatarme de la muerte».

Y ya finalizando este libro, ocurre un incidente desgraciado en la cuidad de Charleston, en carolina del Sur en los Estados Unidos, donde un joven de nombre Dylan Storn Roof, entra a una iglesia afroamericana luego de hacer unas expresiones de índole racial, y utilizando un arma de fuego comete una masacre. Hechos ocurri dos el 18 de junio del 2015.

Luego de haber leído las entrevistas realizadas a estos profesionales, y ver que de cierta forma están relacionadas a su profesión y la interacción sobre conducta humana. Y haberles realizado las mismas preguntas a todos, podemos observar algunas similitudes de las respuestas. Analizamos desde conocedores de la teología, hasta el exconvicto federal y excoronel de la policía, quienes expresaron sus opiniones, basadas en su experiencia, para tratar de exponer y descifrar el comportamiento de nuestra sociedad, con sus respuestas.

El conocer por qué de manera natural nos comportamos como si fuéramos dueños del entorno, como si la opinión del prójimo no fuera de gran importancia. El tener la necesidad de poder lastimar al más débil. Siendo nosotros creados como los animales, pero con la diferencia de que razonamos y nos comportamos como si no lo fuéramos. ¿Realmente será que la maldad es parte de nuestros genes? ¿O será que todos estos sentidos son adquiridos, como son mencionados en las teorías, en la influencia que se atribuye al desarrollo en nuestro entorno o el lugar de crianza, que con el tiempo se transforma en una conducta disociar? ¿O será parte de nuestro "Yo"? Quizás será que el ser humano es así. Desde los principios de los tiempos en la creación, se menciona a "Ada y Eva", como los primeros desobedientes, independientemente de cuál fuera su intención, curiosidad o estimulo. Pero posiblemente el sentido de razonamiento los llevó a eso y optaron por hacerlo después de haber sido advertidos de sus consecuencias, según las escrituras bíblicas.

Siguiendo la misma premisa bíblica, ¿qué ocurre después? Caín mato a su hermano Abel. ¿Qué sucedió en ese entonces? ¿De dónde el aprendió a tener "envidia y celos" que lo motivaron a matar a su hermano? ¿Cómo surgió ese impulso, sin entrar en conjeturas bíblicas? ¿Será que, desde la creación, el ser humano tiene un criminal dormido en su interior? Que en el momento que despierta actúa sin razonamiento. No quiero entrar en un tema complejo donde existen diferentes opiniones, basadas en su interpretación, como lo es la teología. Simplemente son preguntas que me hago.

El propósito de esto es llevar al lector a que reflexione de manera propia y observe a su alrededor, y que pueda tratar de comprender qué nos sucede como sociedad. No hablamos de culturas, religiones, creencias o costumbres, sino cómo nos comportamos para no hacer lo correcto. El tener que creer o afiliarse a algo. Cómo algunos seres humanos son tan vulnerables para caer en lo indebido, y cómo, con o sin consciencia, como si no supieran si es correcto o no.

Preguntémonos:

- Si el tener algún sentimiento empático por el más débil, ¿será que ese deseo se obtiene en sus genes o es una conducta aprendida?
- El tener respeto al prójimo.
- El ver algo injusto y hacerse de la vista larga.
- El poder sacarles ventajas a los más necesitados, el fomentar y aumentar la necesidad para beneficios de pocos.
- El llevar una sociedad mediante ideas o promesas y al final ser para beneficios de unos pocos.

En fin, quiero que analicen parte de lo que he mostrado y que lo combinen con sus experiencias vividas, y puedan obtener una idea de si esto, en realidad es…

«Una sociedad enferma o es un estilo de vida».

Referencias Bibliográficas

Alessandra Busonera, PhD. (n.d.). people.unica.it - Università di Cagliari. https://people.unica.it/alessandrabusonera/files/2021/04/La-famiglia.pdf

Lombroso, C. (2005). *El atlas criminal de Lombroso*. Editorial MAXTOR.

Los roles Y los tipos de roles Y Su funcionalidad dentro del equipo. (n.d.). DINÁMICA GRUPAL. https://dinamicagrupalieu.blogspot.com/2019/07/los-roles-y-los-tipos-de-roles-y-su.html

James Fallon, el científico Que lleva UN asesino dentro. (2013, November 13). BBC News Mundo.https://www.bbc.com/mundo/noticias/2013/11/131128_ciencia_james_fallon_cientifico_psicopata_np

no te metas con los gatos [TV series episodio]. (2019, December 18). In Mark Lewis/ netflix (Producer), *netflix*.

Richard Wurtman.docx. (n.d.). Scribd. https://www.scribd.com/document/409175965/Richard-Wurtman-docx

the process of teaching university learning based on sociocultural theory as a reflection of our society. (2020, January). http://aliatuniversidades.com.mx/conexxion/wp-content/uploads/2016/09/Art5C-26.pdf. https://aliatuniversidades.com.mx/conexxion/wp-content/uploads/2016/09/Art5C-26.pdf

Universidad de valencia. (2000). *Genética Y genómica*. https://www.google.com/books/edition/Gen%C3%A9tica_y_gen%C3%B3mica/CHJ6cCXJ2LYC?hl=en&gbpv=1&dq=la+teor%C3%ADa+Gregor+Mendel+(1865),&pg=PA8&printsec=frontcover

https://bvirtualogp.pr.gov/ogp/Bvirtual/leyesreferencia/PDF/
Justicia/146-2012/146-2012.pdf

(n.d.). Acta Académica. https://www.aacademica.org/000-020/779.pdf

Biography.com Editors. (2014, April 2). Charles Whitman. Biography.
https://www.biography.com/political-figure/charles-whitman

Biography.com Editors. (2014, July 10). Dylan Klebold. Biography.
https://www.biography.com/crime-figure/dylan-klebold

El Rostro expresa al meNo. 21 emociones, según estudio fotográfico. (2014,
April 5). Clases de Periodismo. https://www.clasesdeperiodismo.
com/2014/04/05/el-rostro-expresa-al-menos-21-emociones-segun-
estudio-fotografico/

Gregor Mendel: Genetics pioneer: Life science (Science readers): Lynn
van gorp: 9780743905985: Books. (n.d.). Amazon.com. Spend less.
Smile more. https://www.amazon.com/Gregor-Mendel-
Genetics-Pioneer-Science/dp/0743905989/ref=asc_df_
0743905989/?tag=hyprod-20&linkCode=df0&hvadid=3126551
51667&hvpos=&hvnetw=g&hvrand=8785825901133566793&h
vpone=&hvptwo=&hvqmt=&hvdev=c&hvdvcmdl=&hvlocint=
&hvlocphy=1015116&hvtargid=pla-570625832349&psc=1

Ivan Pavlov. (1927). Conditioned Reflexes. Goodreads.

Jon Elster. UN teórico social analítico.(n.d.). Google Books.
https://books.google.com/books?id=hdPCBQAAQBAJ&pg=PT9
&lpg=PT9&dq=La+motivaci%C3%B3n+de+la+conducta+Jon+
Elster+2010).&source=bl&ots=gXhP26YS3V&sig=ACfU3U2
mvBgOqbQAuh80s4adlakxAJMRKw&hl=en&sa=X&ved=2ah
UKEwihvc2z1tr3AhUmRTABHeBNA3UQ6AF6BAgUEAM#v=
onepage&q=La%20motivaci%C3%B3n%20de%20la%20conducta
%20Jon%20Elster%202010).&f=false

Margaritoff, M. (2019, March 9). Why the true story behind
the columbine shooters is more disturbing than the media
myths. All That's Interesting. https://allthatsinteresting.com/
eric-harris-dylan-klebold-columbine-shooters

Mind in society. (n.d.). Google Books. https://www.google.com/
books/edition/Mind_in_Society/Irq913lEZ1QC?hl=en&gbpv=1&dq=
lev+semyonovich+vygotsky+(1934(3))+analysis&printsec=frontcover

Newtown inundated with Teddy bears, stuffed animals. (2021, June 17). The Oakland Press. https://www.theoaklandpress.com/2012/12/22/ newtown-inundated-with-teddy-bears-stuffed-animals/

Psicología del desarrollo. UN enfoque sistémico. (n.d.). Google Books. https://www.google.com/books/edition/Psicolog%C3%ADa_ del_desarrollo_Un_enfoque_si/Op8PvLOm3hAC?hl=en&gbpv= 1&dq=La+teor%C3%ADa+ecol%C3%B3gica+Bronfenbrenner

For Julie Mack | special to MLive Publisher: May. 18, 2017